ars vivendi

Gesse wird deheim
Das Kochbuch badischer Landfrauen

ars vivendi

Der Verlag ließ bei der Erstellung dieses Buches größtmögliche Sorgfalt walten, für dennoch vorhandene Fehler kann keine Haftung übernommen werden. Anregungen und Kritik sind herzlich willkommen.

Originalausgabe
Erste Auflage 2001
Zweite Auflage 2005

www.arsvivendi.com

Typografie und Ausstattung: Armin Stingl
Lektorat: Petra Teetz
Umschlagfoto: Andreas Riedel
Illustrationen: Martina Schlenke (außer S. 11, 13, 15, 24, 34, 99, 104, 108/109, 117, 124/125, 133: Stefan Atzenhofer)
Druck: Freiburger Graphische Betriebe
Printed in Germany

ISBN 3-89716-239-3

Inhalt

Vorwort

Die Küche Badens hat ganz zu Recht einen guten Ruf, wie dieses Kochbuch beweist. Traditionelle und moderne Rezepte badischer Landfrauen haben wir gesammelt und zu einem Kompendium des Wohllebens und Genießens gemacht: Sahnige Gelberübensuppe und Schwetzinger Spargelsuppe, badisches Schäufele, Bäckerofen, Rehrücken Baden-Baden, Kretzer mit Kräutern, Apfelküchle und Schwarzwälder Kirschtorte geben sich ein leckeres Stelldichein. Begeisterte Köchinnen schrieben ihre Lieblingsrezepte neu auf und öffneten für uns die Schubladen und Kästen, in die ihre Großmütter die kulinarischen Familiengeheimnisse gelegt hatten.

Gesse wird deheim enthält die Festtagsessen, die auf keiner Hochzeit fehlen dürfen, ebenso wie die einfachen Bauerngerichte für den Alltag. Vorspeisen, Fleisch-, Fisch- und Gemüsegerichte, Süßspeisen und Gebäck, Likör und Sirup – für jeden Geschmack und jeden Hunger wird etwas geboten. Eilige finden hier Rezepte, die schnell gelingen; gleichzeitig wird die alte Kochkunst hochgehalten, die auf den guten Geschmack setzte und sich bei allem etwas mehr Zeit ließ. Alle Rezepte wurden von erfahrenen Köchinnen erprobt und von erfahrenen Essern gekostet, so sind Genuss und Wohlleben garantiert.

Wir möchten uns ganz herzlich bei all denen bedanken, die uns Rezepte zur Verfügung stellten und damit dieses Projekt ermöglicht haben. Den Leserinnen und Lesern wünschen wir viel Spaß beim Nachkochen und ein »echt badisches Gschmäckle« am Essen. In diesem Sinne: einen richtig guten Appetit!

Redaktion und Verlag

Do wird eim warm
Suppen

Sauerampfersüpple

1 Bund Sauerampfer
3 EL Butter
3 EL Mehl
800 ml Gemüsebrühe
100 ml Sahne
Salz

Den Sauerampfer waschen, trockentupfen und fein hacken. Die Butter in einem Topf erhitzen und den Sauerampfer darin andünsten. Das Mehl in wenig Wasser anrühren und zugeben. Jetzt unter beständigem Rühren das Wasser in Portionen angießen. Die Suppe gut durchkochen lassen. Zuletzt mit Sahne verfeinern und mit Salz abschmecken.
Für 4 Personen.

Tipp: Wer keine Sauerampferblättchen in der Suppe mag, kann sie vor dem Servieren noch durch ein Sieb passieren.

Liesel Kaiser

Sahnige Gelberübensuppe

250 g Karotten
250 g Kartoffeln
750 ml Hühnerbrühe
125 ml Sahne
Salz und Pfeffer
1 hart gekochtes Ei, gehackt
1 EL frisch gehackte Petersilie

Karotten und Kartoffeln waschen, schälen und in kleine Stücke schneiden. Das Gemüse in der Brühe gar kochen, dann im Mixer pürieren. Die Sahne leicht anschlagen und unter die Suppe ziehen. Die Gelberübensuppe zum Schluss mit Salz und Pfeffer würzen. Mit Eiwürfeln und Petersilie bestreut servieren.
Für 4 Personen.

Petra Mercatoris

Schwarzwälder Kartoffelsuppe mit Schwarzbrot-Kracherle

Die Kartoffeln schälen und würfeln. Die Karotten putzen und in Scheiben schneiden. Die Zwiebel abziehen, die Petersilie waschen und trockentupfen. Dann beides fein hacken. Das Fett in einem Topf erhitzen. Zwiebel und Petersilie darin glasig dünsten und mit Fleischbrühe ablöschen. Kartoffeln und Karotten zugeben und garen. Zuletzt die Leberwurst einlegen und die Suppe mit Salz, Pfeffer und Muskatnuss abschmecken.

Für die Kracherle (Croûtons) das Schwarzbrot würfeln und in heißer Butter gut anrösten. Die Kracherle in eine Schüssel geben und die Suppe darauf anrichten.

Für 4 Personen.

Edeltraud Winkler

500 g Kartoffeln
2 Karotten
1 Zwiebel
1 Bund Petersilie
40 g Fett
1 1/2 l Fleischbrühe oder Wasser
100 g Landleberwurst, in Scheiben
Salz und Pfeffer
Prise Muskatnuss

Für die Kracherle:
4 Scheiben Schwarzbrot
1 EL Butter

Rosa Kartoffelsuppe

2 Teller frisch gekochte Salzkartoffeln
80 g Butter
etwa 1/2 l Fleischbrühe
Salz und Pfeffer
3–5 EL Sahne
6 Tomaten, abgezogen und in Scheiben
1 Bund frisch gehackte Petersilie

Die Kartoffeln durch die Kartoffelpresse drücken. 60 g Butter in einem Topf erhitzen. Die passierten Kartoffeln zugeben und so lange rühren, bis sie sich vom Topfboden lösen. Dann langsam so viel Fleischbrühe zugießen, dass eine leicht gebundene Suppe entsteht. Die Suppe mit Salz und Pfeffer abschmecken und die Sahne unterziehen. Dann warm stellen.

Die restliche Butter in einer Pfanne erhitzen und die Tomatenscheiben kurz darin dünsten. Die Kartoffelsuppe in Tellern anrichten, mit Tomatenscheiben belegen und mit Petersilie bestreuen.
Für 6 Personen.

Tipp: Dazu reicht man hausgemachte Kracherle (Croûtons).

Anna Burger

Schwetzinger Spargelsuppe

500 g Spargel
Prise Zucker
40 g Butter
50 g Mehl
250 ml Fleischbrühe
Salz
Prise Muskatnuss
1 Eigelb
1 EL Sahne
Kracherle (Croûtons)
1 Bund frisch gehackte Petersilie

Den Spargel schälen und in kleine Stücke schneiden, dabei die holzigen Teile entfernen. Das Gemüse in Salzwasser mit etwas Zucker garen. Abgießen und dabei 750 ml Spargelsud auffangen.

Die Butter erhitzen, das Mehl einstreuen und eine dicke Einbrenne bereiten. Mit dem aufgefangenen Spargelsud und der Fleischbrühe ablöschen. Die Suppe gut durchkochen lassen. Dann mit Salz und Muskatnuss würzen und mit Eigelb und Sahne legieren. Zuletzt die Spargelstücke zufügen. Die Spargelsuppe mit Kracherle und Petersilie bestreut anrichten.
Für 4 Personen.

Edeltraud Winkler

Zwiebelsuppe mit Kracherle

Die Zwiebeln abziehen, hacken und in der heißen Butter glasig dünsten. Die Fleischbrühe angießen und die Suppe bei geringer Hitze etwa 20 Minuten köcheln lassen. Dann salzen und mit Weißwein verfeinern.

Für die Kracherle das Weißbrot würfeln und in heißer Butter goldgelb anrösten. Die Kracherle in Suppenteller verteilen und die Zwiebelsuppe darauf anrichten.

Für 4 Personen.

Agnes Winkler

300–400 g Zwiebeln
80 g Butter
1 1/2 l Fleischbrühe
Salz
Schuss Weißwein

Für die Kracherle:
4 Scheiben Weißbrot
1 EL Butter

Geröstete Grießsuppe

Das Fett in einem Topf erhitzen und den Grieß darin goldgelb anrösten. Das Suppengrün zugeben und andämpfen. Mit Wasser ablöschen, salzen und zum Kochen bringen. Die Suppe dann 30 Minuten köcheln lassen, dabei immer wieder umrühren.

Für 2–3 Personen.

Ruth Zimmermann

1/2 EL Fett
3 EL Grieß
1/2 Bund Suppengrün, gehackt
750 ml warmes Wasser
1/2 EL Salz

Basler Mehlsuppe

50 g Butter
50 g Mehl
1 Zwiebel, fein gehackt
1 l Fleischbrühe
125 ml Rotwein
100 g frisch geriebener Emmentaler

Die Butter in einem Topf erhitzen und das Mehl darin bräunen. Die Zwiebel zugeben und glasig dünsten. Dann mit Brühe ablöschen und etwa 30 Minuten köcheln lassen. Die fertige Suppe mit Rotwein und Emmentaler abschmecken.
Für 4 Personen.

Tipp: Eine Mehlsuppe, wie sie zur Basler Fastnacht beim »Morgenstreich« gegessen wird.

Annette Parnemann

Grünkernsuppe

1 l Fleischbrühe
100 g Grünkernmehl
2 EL Wasser
Salz und Pfeffer
1 Eigelb
4 EL Sahne

Die Fleischbrühe in einem Topf zum Kochen bringen. In der Zwischenzeit Grünkernmehl und Wasser in einer Schüssel verrühren. Diese Masse unter beständigem Rühren in die kochende Suppe gießen. Alles 20 Minuten köcheln lassen. Eigelb und Sahne mit etwas Suppe verquirlen und die Grünkernsuppe damit legieren. Dann nicht mehr kochen lassen.
Für 4 Personen.

Tipp: Reichen Sie die Grünkernsuppe mit Markklößchen (siehe Seite 19) als Einlage. Die Klößchen vor dem Servieren kurz in der Suppe erwärmen.

Helga Bürsner

Brotsuppe

Das Brot über Nacht in Wasser einweichen. Die Butter in einem Topf erhitzen, Zwiebel und Suppengrün darin anrösten. Mit Fleischbrühe aufgießen, den Liebstöckel zugeben und 15 Minuten köcheln lassen. Inzwischen das Brot gut ausdrücken, dann ebenfalls in die Suppe geben. Alles unter Rühren weitere 5–10 Minuten kochen. Anschließend im Mixer pürieren. Den Sauerrahm unterziehen und die Brotsuppe mit Kümmel, Muskatnuss und Salz abschmecken.
Für 4 Personen.

Tipp: Möchten Sie die Brotsuppe mit einer Einlage servieren, so wählen Sie geröstete Champignonscheiben, gebratenen Schinkenspeck oder heiße Würstchen.

Damaris Leser

250 g Schwarzbrot
2 EL Butter
1 Zwiebel, gehackt
1 Bund Suppengrün, zerkleinert
1 1/2 l Fleischbrühe
1 Stängel Liebstöckel
3 EL Sauerrahm
1 Msp. gemahlener Kümmel
Prise Muskatnuss
Salz

Ochsenschwanzsuppe

1 kg Ochsenschwanz
Salz
1–2 TL Paprikapulver
1 Karotte
1 Lauchstange
1/2 Sellerieknolle
1 Zwiebel
2 EL Öl
1 1/2 l Fleischbrühe
250 ml Rotwein
Schuss Kirschwasser oder Madeira

Den Ochsenschwanz in Stücke schneiden und mit Salz und Paprikapulver würzen. Das Gemüse putzen und grob zerkleinern.

Das Öl in einem großen Topf erhitzen und das Fleisch darin rundum anbraten. Das Gemüse zugeben und ebenfalls anbraten. Fleischbrühe und Rotwein angießen, Deckel auflegen und 2–2 1/2 Stunden köcheln lassen. Die Ochsenschwanzstücke danach herausnehmen, etwas abkühlen lassen und in kleine Stücke schneiden. Die Suppe durch ein Sieb passieren. Das Fleisch dann wieder in die Suppe geben und diese mit Salz und Kirschwasser abschmecken.
Für 4 Personen.

Tipp: Bitten Sie Ihren Metzger, den Ochsenschwanz zu zerteilen.

Anna Burger

Klare Fleischbrühe

Die Knochen waschen und in einen Kochtopf geben, darauf das Fleisch legen. Die Zwiebel halbieren und in einer Pfanne ohne Fett bräunen. Zwiebel, Suppengrün, Lorbeerblatt und Liebstöckel zum Fleisch geben. Das Wasser angießen, salzen, zum Kochen bringen und etwa 2 Stunden köcheln lassen. Währenddessen mehrmals den Schaum abschöpfen.

Nach Ende der Kochzeit das Fleisch herausnehmen und die Brühe durch ein Sieb in einen zweiten Topf gießen. Die Suppe mit Salz, Pfeffer und Muskatnuss abschmecken, mit Petersilie bestreuen und mit einer Einlage nach Wahl servieren.

Für 6 Personen.

Tipp: Verschiedene Einlagen finden Sie auf den Seiten 18–20. Sie können auch das gekochte Gemüse und Fleisch – in kleine Würfel geschnitten – nach Belieben vor dem Anrichten wieder in die Suppe geben.

Liesel Kaiser

500 g Markknochen
1 kg Suppenfleisch ohne Knochen
1 Zwiebel mit Schale
1 Bund Suppengrün, grob zerkleinert
1 Lorbeerblatt
1 Stängel Liebstöckel
2 l kaltes Wasser
Salz und Pfeffer
Prise Muskatnuss
1 Bund frisch gehackte Petersilie

Grießklößchensuppe

125 ml Milch
1 EL Butter
Salz
Prise Muskatnuss
50 g Grieß
1 Ei

1 l Fleischbrühe

Die Milch mit Butter, Salz und Muskatnuss aufkochen. Den Grieß einlaufen lassen, zu einem Kloß rühren und unter Rühren noch etwas quellen lassen. Dann in eine Schüssel umfüllen und das Ei unterziehen. Kleine Klößchen abstechen und in heißer Fleischbrühe einige Minuten ziehen lassen. Dann servieren.
Für 4 Personen.

Helga Kaiser

Butterklößchensuppe

80 g Butter
2 Eier
40 g Semmelbrösel
1 TL Salz
Prise Muskatnuss
1 TL frisch gehackte Petersilie

1 l Fleischbrühe

Die Butter schaumig rühren. Eier, Semmelbrösel, Salz, Muskatnuss und Petersilie einarbeiten. Mit nassen Händen Klößchen formen, auf eine angefeuchtete Platte legen und 1 Stunde im Kühlschrank ruhen lassen. Die Klößchen danach in kochendes Salzwasser einlegen und 10 Minuten ziehen lassen. Die Butterklößchen in heißer Fleischbrühe anrichten.
Für 4 Personen.

Renate Heid

Eierstichsuppe

Eier und Milch verquirlen, mit Salz und Muskatnuss würzen. Die Petersilie untermischen. Die Eimasse in eine gefettete Form füllen und im heißen Wasserbad abgedeckt 30 Minuten stocken lassen. Dann stürzen und in Würfel schneiden. Den Eierstich in heißer Fleischbrühe anrichten.
Für 4 Personen.

Hedi Mutterer

2 Eier
4 EL Milch
Salz
Prise Muskatnuss
etwas frisch gehackte Petersilie

1 l Fleischbrühe

Markklößchensuppe

Das Mark aus den Knochen lösen und einige Stunden wässern. Dann fein schneiden und zusammen mit den Zwiebeln in einem Pfännchen dünsten. Durch ein mit Küchenpapier ausgelegtes Sieb gießen und abkühlen lassen. Die Markmasse schaumig rühren und mit Semmelbröseln, Eiern, Gewürzen und Petersilie vermischen. Mit einem Teelöffel kleine Klößchen abstechen und in kochender Fleischbrühe 10 Minuten ziehen lassen. Dann servieren.
Für 4 Personen.

Tipp: Sie können auch das Mark von gekochten Suppenknochen verwenden. Hierfür das Mark aus den Knochen lösen und durch ein feines Sieb streichen. Dann schaumig rühren und weiter wie oben verfahren.

Helga Bürsner

3–4 frische Markknochen
1 Zwiebel, fein gehackt
100 g Semmelbrösel
1–2 Eier
Salz
Prise Muskatnuss
frisch gehackte Petersilie

1 l Fleischbrühe

Flädlesuppe

4 EL Mehl
Salz
etwas Milch
1 Ei
Fett zum Braten

1 l Fleischbrühe

Aus Mehl, Salz, Milch und Ei einen dünnen, glatten Pfannkuchenteig bereiten. Das Fett in einer Pfanne erhitzen und nacheinander zwei bis drei dünne Pfannkuchen backen. Erkalten lassen, aufrollen und in dünne Streifen schneiden. Die Flädle in eine Suppenschüssel geben, mit kochender Fleischbrühe übergießen und servieren.
Für 3–4 Personen.

Tipp: Bestreuen Sie die Flädlesuppe mit frisch gehacktem Schnittlauch.

Ruth Zimmermann

Riebelesuppe

100 g Mehl
1 Ei
Salz

1 l Fleischbrühe

Die Zutaten zu einem festen Teig verkneten. Er darf nicht kleben. Den Teig portionsweise zwischen den Handflächen verreiben, so dass kleine längliche Stückchen abfallen. Die fertigen Riebele auf der Arbeitsfläche ausbreiten, 1–2 Stunden trocknen lassen. Dann in kochende Fleischbrühe einstreuen und 5–10 Minuten ziehen lassen, bis sie an die Oberfläche steigen. Die Suppe sofort servieren.
Für 4 Personen.

Tipp: Die Riebelesuppe wird vor dem Servieren noch mit gehacktem Schnittlauch oder Petersilie bestreut.

Helga Kaiser

Gveschpert wird um viere

Kleine Speisen
Vorspeisen
Salate

Schnecken

1 Packung
Schnecken mit Häuschen
Schuss Weinbrand
80 g Butter
1 EL frisch gehackte Petersilie
1 EL frisch gehackter Dill
1 Knoblauchzehe oder kleine Zwiebel, fein gerieben
Salz und Pfeffer
etwas Zitronensaft

Die Schnecken zum Abtropfen auf ein Sieb geben. Mit Weinbrand begießen und dann zurück in die Häuschen stecken.

Die Butter schaumig rühren. Kräuter, Knoblauch, Salz, Pfeffer und Zitronensaft einarbeiten. Diese Buttermischung in die Häuschen füllen und die Öffnung glatt streichen. Die Schnecken mit der Öffnung nach oben in eine Schneckenpfanne setzen und im vorgeheizten Backofen 10 Minuten garen.

Tipp: Servieren Sie dazu Weißbrot und einen hellen Rotwein.

Agnes Winkler

Kräutertomaten

50 g Fett
2 Zwiebeln, gehackt
1 Bund frisch gehackte Petersilie
2 Knoblauchzehen, zerdrückt
8 große Tomaten
50 g Käse, gerieben

Das Fett in einer Pfanne erhitzen. Zwiebeln, Knoblauch und Petersilie darin andünsten. Die Tomaten durchschneiden, mit der Schnittfläche auf die Zwiebelmasse setzen und ebenfalls kurz andünsten. Dann umdrehen und mit Käse bestreuen. Den Deckel auflegen und weitere 5 Minuten dünsten.
Für 4 Personen.

Tipp: Warm oder kalt als Vorspeise mit Weißbrot servieren. Die Kräutertomaten sind auch eine delikate Beilage zu gebratenem oder gegrilltem Fleisch.

Renate Heid

Chicorée-Salat mit Früchten

Den Chicorée waschen, Strunk entfernen und die Blätter in Streifen schneiden. Die Banane fein zerdrücken, dann mit Zitronensaft und Kirschwasser schaumig rühren. Das übrige Obst in kleine Würfel schneiden.

Chicorée, Bananenmus und Obst in einer Schüssel vermengen. Zuletzt die Sahne halbsteif schlagen und unterheben. Mit den Walnusshälften garnieren und servieren.
Für 4 Personen.

Waltraud Schäffner

400 g Chicorée
1 reife Banane
1 EL Zitronensaft
2 EL Kirschwasser
1 Apfel
1 Orange
1/2–1 Grapefruit
125 ml Sahne
einige Walnusshälften

Feldsalat mit Kracherle

Den Feldsalat putzen, waschen, trockenschleudern und auf vier Teller verteilen. Die Zwiebel fein hacken und über den Salat streuen. Aus Essig, Öl, Senf, Salz, Pfeffer und Zucker eine Vinaigrette bereiten.

Bauchspeck und Weißbrot in kleine Würfel schneiden. Die Speckwürfel in einer Pfanne auslassen, die Brotwürfel zugeben und goldgelb rösten. Dann Speck und Brotwürfel über den Salat verteilen. Den Feldsalat zuletzt mit der Vinaigrette beträufeln und sofort servieren.
Für 4 Personen.

Linda Sanchez Adell

300 g Feldsalat
1 Zwiebel
4 Scheiben Bauchspeck
4 Scheiben Weißbrot

Für die Vinaigrette:
3 EL Weinessig
6 EL Öl
1/2 TL Senf
Salz und Pfeffer
Prise Zucker

Saustudesalat (Löwenzahnsalat)

300 g Löwenzahn
Sonnenblumenkerne, geröstet

Für die Vinaigrette:
2 EL Weinessig
4 EL Olivenöl
Salz und Pfeffer
Prise Zucker
1/2 Bund frisch gehackte Petersilie
1/2 Bund frisch gehackter Schnittlauch
etwas frisch gehackte Pimpinelle, Kresse und Kerbel

Den Löwenzahn putzen, waschen, trockenschleudern und in eine Schüssel geben. Für die Vinaigrette alle Zutaten miteinander verrühren. Die Vinaigrette unter den Salat heben. Den Saustudesalat zuletzt mit gerösteten Sonnenblumenkernen bestreuen.
Für 4 Personen.

Tipp: Dazu passt frisches Land- oder Knoblauchbrot.

Karin Giesin

Herbstlicher Selleriesalat

Die Sellerieknolle waschen und in der Schale weich kochen. Abgießen, abkühlen lassen, schälen und in Würfel schneiden. Die Würfel in eine Schüssel geben.

Aus Essig, Öl, Salz, Pfeffer und Zucker eine Vinaigrette bereiten. Zuletzt die Crème fraîche unterrühren. Vinaigrette und Walnusskerne unter den Salat heben. Den Selleriesalat gut durchziehen lassen und vor dem Servieren nochmals abschmecken.

Für 4 Personen.

Liesel Kaiser

1 große Sellerieknolle
1 Tasse Walnusskerne

Für die Vinaigrette:
2 EL Essig
4 EL Öl
Salz und Pfeffer
Prise Zucker
2 EL Crème fraîche

Weißkrautsalat

Den Krautkopf vierteln, den Strunk entfernen und in feine Streifen hobeln. Zwiebel und Speck fein würfeln.

Das Öl in einer Pfanne erhitzen und die Zwiebel darin glasig dünsten. Den Speck zufügen und leicht anbraten (nicht bräunen). Die Zwiebel-Speck-Mischung noch heiß über das Kraut geben. Für die Vinaigrette alle Zutaten miteinander verrühren und den Salat damit herzhaft anmachen.

Für 4 Personen.

Tipp: Der Krautsalat schmeckt besser, wenn er vor dem Servieren einige Zeit durchziehen kann.

Linda Sanchez Adell

1 kleiner Kopf Weißkraut
1 Zwiebel
100 g Speck
1 EL Öl

Für die Vinaigrette:
3 EL Essig
6 EL Öl
Salz und Pfeffer
Prise Zucker
1 EL Kümmel

Feiner Spargelsalat

500 g Spargel
Prise Zucker
2–3 Eier
200 g gekochter Schinken
einige Salatblätter

Für die Vinaigrette:
2 EL weißer Balsamico- oder Weinessig
4 EL Öl
Salz und Pfeffer
1/2 Bund frisch gehackte Petersilie
1/2 Bund frisch gehackter Schnittlauch

Den Spargel schälen und in 5 cm lange Stücke schneiden. Dabei die holzigen Enden entfernen. Die Spargelstücke in sprudelndem Salzwasser mit etwas Zucker 15–20 Minuten kochen. Abgießen und abtropfen lassen.

In der Zwischenzeit die Eier hart kochen, pellen und in Scheiben schneiden. Den Schinken würfeln. Eine Schüssel mit Salatblättern auslegen. Spargel, Eier und Schinken vorsichtig mischen und auf die Salatblätter geben.

Aus den angegebenen Zutaten eine Vinaigrette bereiten und über den Salat träufeln. Sofort servieren.
Für 4 Personen.

Hermine Strittmatter

Rahnensalat (Rote-Bete-Salat)

500 g kleine Rote Bete

Für die Vinaigrette:
Salz und Pfeffer
1 EL Essig
2 EL Öl
2 EL frisch gehackte Petersilie
1 kleine Zwiebel, fein gehackt

Die Rote Bete waschen und mit der Schale in Wasser etwa 20 Minuten bissfest kochen. Abgießen, sofort schälen und in Scheiben schneiden. Diese in eine Schüssel geben.

Für die Vinaigrette alle Zutaten miteinander verrühren und unter den Salat heben.
Für 4 Personen.

Hermine Strittmatter

»Lumpensuppe« (Wurstsalat)

400 g Fleischwurst oder Lyoner
400 g Emmentaler
4 Zwiebeln
Paprikaschoten oder Essiggurken
3 EL Weinessig
6 EL Öl
Salz und Pfeffer

Wurst und Käse in dünne Streifen oder Würfel, die Zwiebeln in Ringe schneiden. Alles in eine Schüssel geben. Aus Essig, Öl, Salz und Pfeffer eine Vinaigrette bereiten und den Wurstsalat damit pikant anmachen.
Für 4 Personen.

Tipp: Die »Lumpensuppe« vor dem Servieren noch mindestens 30 Minuten durchziehen lassen.

Petra Mercatoris

Sommerlicher Wurstsalat

Die Wurst in dünne Streifen oder Würfel, die Zwiebel in Ringe schneiden. Die Tomaten vierteln, die Salatgurke schälen und in Scheiben hobeln. Die Kräuter fein hacken. Alles in eine Schüssel geben.

Für die Vinaigrette alle Zutaten verrühren. Die Vinaigrette über den Salat gießen und vorsichtig durchmischen. Die Eier vierteln und den Wurstsalat damit garnieren.
Für 4 Personen.

Tipp: Vor dem Servieren mindestens 30 Minuten durchziehen lassen.

Annette Parnemann

600 g Fleischwurst oder Lyoner
1 Zwiebel
4 Tomaten
1 kleine Salatgurke
1 Bund Petersilie
1 Bund Schnittlauch
4 hart gekochte Eier

Für die Vinaigrette:
3 EL Weinessig
1/2 TL scharfer Senf
6 EL Öl
Salz und Pfeffer
Prise Zucker

Geflügel-Obst-Salat

300 g gekochtes
oder gegrilltes
Hähnchenfleisch
2 Äpfel
2 Orangen
150 g blaue Trauben
5 EL Erbsen (Dose)
4 EL Mayonnaise
4 EL Joghurt
1 EL Zitronensaft
Salz
Prise Zucker

Das Hähnchenfleisch in kleine Stücke schneiden. Die Äpfel waschen, schälen, das Kerngehäuse entfernen und würfeln. Die Orangen schälen, in Spalten teilen und diese halbieren. Die Trauben halbieren und entkernen. Fleisch, Obst und Erbsen in eine Schüssel geben.

Die Mayonnaise mit Joghurt und Zitronensaft glatt rühren, dann mit Salz und Zucker abschmecken. Die Soße über den Salat gießen und alles vorsichtig vermischen.
Für 4 Personen.

Tipp: Den Geflügelsalat vor dem Servieren 1–2 Stunden im Kühlschrank durchziehen lassen.

Renate Heid

Bierkekse

Mehl, Bier und Margarine schnell mit den Händen zu einem glatten Teig verarbeiten, aber nicht durchkneten. Dann etwa 2 Stunden kalt stellen.

Den Teig auf der bemehlten Arbeitsfläche 2 cm dick ausrollen. Rhomben ausrädeln und auf ein mit Backpapier ausgelegtes Blech setzen. Eigelb und Milch verquirlen und die Kekse damit bestreichen. Zuletzt mit grobem Salz, Kümmel oder Sesam bestreuen und im vorgeheizten Backofen bei 160 Grad (Umluft) 10–15 Minuten backen.

Annedore Teyssedou

3 Glas Mehl
1 Glas Bier
200 g kalte Margarine
1 Eigelb
etwas Milch

Zum Bestreuen:
grobes Salz, Kümmel oder Sesamsaat

Partybrötchen

Die Brötchen halbieren, etwas aushöhlen und die Krume beiseite stellen. Das Fett in einer Pfanne erhitzen und Petersilie, Zwiebel sowie Hackfleisch darin andünsten.

Ei, Tomatenmark, Käse, Brötchenkrume und Gewürze mit dem Rührlöffel gut vermischen. Dann die Hackfleischmasse unterrühren. Die Füllung in die Brötchenhälften verteilen. Die gefüllten Brötchen im vorgeheizten Backofen bei 190 Grad 20 Minuten backen.

Für 6 Personen.

Annedore Teyssedou

6 Brötchen
1/2 Bund frisch gehackte Petersilie
1 EL Fett
1 große Zwiebel, fein gehackt
350 g gemischtes Hackfleisch
1 Ei
1 EL Tomatenmark
100 g Käse, fein gewürfelt
Salz und Pfeffer
Oregano
Prise Paprikapulver

Scharwaie

150 g Roggenmehl
600 g Weizenmehl
60 g Hefe
1 EL Öl
150 ml Wasser
4 gestrichene TL Salz

Für den Belag:
Öl oder Schmalz
3 EL grobes Salz
Kümmel nach Wunsch

Das Mehl in eine Schüssel sieben, in die Mitte eine Vertiefung drücken und die Hefe hineinkrümeln. Die Hefe mit Öl, Wasser und etwas Mehl verrühren und abgedeckt an einem warmen Ort gehen lassen.

Das Salz zugeben und alles gut verkneten. Den Teig dann schlagen, bis er Blasen wirft und sich vom Schüsselrand löst. Den Teig mit etwas Mehl bestäuben und abgedeckt an einem warmen Ort 1–2 Stunden gehen lassen, bis sich sein Volumen verdoppelt hat.

Den Teig danach auf der bemehlten Arbeitsfläche nochmals durchkneten und zu einem runden, 5 cm hohen Fladen formen. Diesen auf ein gefettetes Backblech setzen. Auf der Oberfläche mit einem Messer ein Gittermuster einritzen. Fladen mit Öl bestreichen, mit grobem Salz und eventuell noch mit Kümmel bestreuen. Den Backofen auf 200 Grad vorheizen. Die Scharwaie darin auf der mittleren Schiene 15 Minuten backen. Dann die Temperatur auf 180 Grad reduzieren und das Brot in 30–45 Minuten fertig backen.
Ergibt 1 Brotfladen.

Elvira Wolfard

Kartoffeln mit Bibileskäs

1 kg Kartoffeln
500 g Quark
1 Zwiebel, gerieben
1 Bund frisch gehackter Schnittlauch oder Petersilie
Salz
Prise gemahlener Kümmel

Die Kartoffeln waschen und in reichlich Wasser garen. Abgießen und mit der Schale in einer Schüssel auf den Tisch bringen.

Quark, Zwiebel und Schnittlauch verrühren und mit Salz und Kümmel würzen. Den Bibileskäs getrennt zu den Kartoffeln reichen.
Für 2–3 Personen.

Tipp: Ein in Baden sehr beliebtes sommerliches Abendessen.

Edeltraud Winkler

Speckkuchen

Aus den angegebenen Zutaten einen Hefeteig bereiten und gehen lassen, bis sich sein Volumen verdoppelt hat.

In der Zwischenzeit Schinkenspeck und Zwiebeln in heißem Fett anbraten. Vom Herd nehmen und den Sauerrahm sowie die Gewürze einrühren. Den Hefeteig auf der bemehlten Arbeitsfläche ausrollen, auf ein gefettetes Backblech legen und den Belag darauf verteilen. Im vorgeheizten Backofen bei 180 Grad 30 Minuten backen. Herausnehmen und heiß servieren.

Für 4 Personen.

Tipp: Dazu schmecken Tomaten- oder grüner Salat und ein Glas Gutedel.

Trudel Möller

Für den Teig:
500 g Mehl
100 g Butter
1 Päckchen Trockenhefe
1 TL Salz
250 ml lauwarme Milch

Für den Belag:
250 g Schinkenspeck, gewürfelt
3 Zwiebeln, gehackt
1 EL Fett
2 EL Sauerrahm
Salz und Pfeffer
Prise gemahlener Kümmel

Freiburger Zwiebeltorte

Für den Teig:
125 g Mehl
125 g Quark
etwa 50 ml Wasser
Salz

Für den Belag:
3 EL Butter
150 g Speck, fein gewürfelt
1 kg Zwiebeln, in Scheiben
3 Eier
100 ml Sahne
100 g Sauerrahm
Salz und Pfeffer
Prise gemahlener Kümmel

Mehl, Quark, Wasser und Salz zu einem glatten Teig verkneten. Zu einer Kugel formen, in Frischhaltefolie wickeln und 30 Minuten kühl stellen.

In der Zwischenzeit die Butter in einer Pfanne schmelzen und die Speckwürfel darin kross braten. Die Zwiebelscheiben zugeben und glasig dünsten. In einer Schüssel Eier, Sahne und Sauerrahm gut verquirlen. Mit Salz, Pfeffer und Kümmel würzen.

Den Teig auf der bemehlten Arbeitsfläche ausrollen und eine gefettete Springform damit auslegen. Die Zwiebelmasse darauf verteilen und die Eimasse darüber gießen. Im vorgeheizten Backofen bei 230 Grad etwa 25 Minuten backen.

Für 4 Personen.

Regina Schlageter

Zwiebelkuchen

1 Paket Tiefkühl-Blätterteig
250 g Bauchspeck
4 Zwiebeln, gehackt
250 g Quark
250 ml Sahne
Salz und Pfeffer
Prise gemahlener Kümmel
3 Eigelb

Den Blätterteig auftauen lassen. In der Zwischenzeit den Bauchspeck würfeln und anbraten. Die Zwiebeln abziehen und fein hacken.

Den Blätterteig ausrollen und eine kalt ausgespülte Springform damit auslegen. Dabei einen Rand bilden. Quark, Speck und Zwiebeln darauf verteilen. Die Sahne mit Gewürzen und Eigelb verquirlen und auf den Kuchen gießen. Den Zwiebelkuchen im vorgeheizten Backofen bei Mittelhitze (180 Grad) etwa 45 Minuten backen.

Für 4 Personen.

Edeltraud Winkler

Des gibt's dezue
Beilagen

Herdöpfelpfludde

1 kg Kartoffeln
Salz
etwas Milch
Butter zum Braten
1 Zwiebel, fein gehackt

Die Kartoffeln waschen, schälen und in Salzwasser weich kochen. Dann Wasser abgießen und im Topf zerstampfen. Milch zugießen und einen festen Kartoffelteig herstellen.

In einem Topf reichlich Butter erhitzen. Einen Esslöffel in das heiße Fett tauchen, dann vom Kartoffelteig Halbmonde abstechen und diese in Butter schwimmend ausbacken. Fertige Herdöpfelpfludde auf Küchenpapier abtropfen lassen, dann nebeneinander auf eine Platte legen. Zuletzt mit der in Butter angerösteten Zwiebel abschmelzen und sofort servieren.
Für 4 Personen.

Tipp: Herdöpfelpfludde passen zu soßenreichen Bratengerichten. Zusammen mit Kompott oder Dörrobst wurden sie früher häufig als fleischloses Hauptgericht gereicht.

Irma Müller

Kartoffelküchle

375 g gekochte Kartoffeln
500 g rohe Kartoffeln, gerieben
1/2 Zwiebel, gehackt
frisch gehackte Petersilie
Prise Muskatnuss
Prise Pfeffer
1 Ei, verquirlt
Fett zum Braten

Gekochte und rohe Kartoffeln, Zwiebel, Petersilie und Gewürze in einer Schüssel zu einem geschmeidigen Teig verkneten. Aus dem Teig runde Küchle formen und mit Ei bestreichen. In heißem Fett goldgelb backen.
Für 4 Personen.

Renate Heid

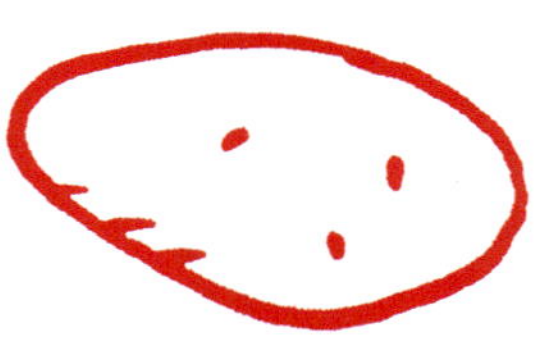

Schlanganger

500 g Kartoffeln
500 g Mehl
1 Ei
Salz
Prise Muskatnuss
Fett zum Braten
100 ml Wasser
100 ml Milch

Die Kartoffeln waschen und in der Schale weich kochen. Handwarm abkühlen lassen, dann pellen und durch die Kartoffelpresse drücken oder reiben. Mit Mehl, Ei, Salz und Muskatnuss zu einem festen Teig verkneten. Diesen auf der bemehlten Arbeitsfläche zu fingerdicken, möglichst langen Rollen formen.

In einer großen beschichteten Pfanne etwas Fett erhitzen. Eine Lage Teigschlangen dicht an dicht im Zickzack in das heiße Fett legen. Darauf eine zweite Lage in Querrichtung anordnen. Sollte noch Teig übrig sein, eine dritte Schicht darüber legen (wieder in Querrichtung).

Wasser und Milch mit etwas Salz vermischen und über die Kartoffelschlangen gießen. Einen Deckel auflegen, die Temperatur reduzieren und den Schlanganger etwa 20 Minuten backen, bis die Flüssigkeit eingekocht ist und die unterste Lage eine braune Kruste hat.
Für 4 Personen.

Tipp: Dazu schmecken Sauerkraut oder andere Krautgerichte sowie grüne Bohnen. Wer mag, kann noch gewürfelten Schinken ins Fett geben, bevor die Kartoffelschlangen in die Pfanne kommen. Der Schlanganger sollte nicht mehr als drei Lagen haben.

Stefanie Fritz

Bubenspitzle (Schupfnudeln)

750 g Kartoffeln
6–8 EL Mehl
1 TL Salz
Prise Muskatnuss
2–3 Eier
Butter zum Braten

Die Kartoffeln in der Schale weich kochen, pellen und heiß durch die Kartoffelpresse drücken. Etwas abkühlen lassen, dann auf der bemehlten Arbeitsfläche mit Mehl, Salz, Muskatnuss und Eiern zu einem glatten Teig verkneten. Diesen zu fingerdicken Rollen formen und anschließend in kleine Stücke schneiden. Die Teigstückchen zwischen den Handflächen zu fingerlangen, fingerdicken Nudeln rollen.

Die Bubenspitzle in kochendem Salzwasser garen, bis sie an die Oberfläche steigen. Mit einem Schaumlöffel herausnehmen und gut abtropfen lassen. Die Bubenspitzle zuletzt in heißer Butter von allen Seiten goldgelb anrösten.

Tipp: Bubenspitzle oder Schupfnudeln sind eine vielseitige Beilage. Sie passen zu einem frischen Feld- oder grünen Salat ebenso wie zu soßenreichen Schmorgerichten oder zum badischen Weinsauerkraut (siehe Seite 96). Häufig werden sie auch in Kombination mit Kompott als Süßspeise serviert.

Aus obigem Kartoffelteig bereitet man auch Kartoffelknöpf, eine weitere Beilage. Hierzu werden aus den Teigstückchen walnussgroße Kugeln geformt. Die weitere Verarbeitung ist gleich.

Für 2–3 Personen.

Ruth Zimmermann

Knöpfle

500 g Mehl
6–8 Eier
etwa 125 ml Wasser
Salz
Prise Muskatnuss
2 Scheiben Weißbrot
Butter
1 Bund frisch gehackte Petersilie

Mehl, Eier, Wasser und Salz vermischen und zu einem geschmeidigen Teig schlagen. Salzwasser zum Kochen bringen, eine Kelle Teig in einen Knöpfleschieber geben und in das kochende Wasser tropfen lassen. Durchkochen, mit einem Schaumlöffel herausheben, mit kaltem Wasser abschrecken und auf einem ausgebreiteten Küchentuch abtrocknen lassen.

Das Weißbrot in kleine Würfel schneiden und in der heißen Butter goldgelb rösten. Die Knöpfle ebenfalls in Butter schwenken und auf eine vorgewärmte Platte geben. Mit Brotwürfeln und Petersilie bestreuen und sofort servieren.
Für 4 Personen.

Tipp: Sollten Sie keinen Knöpfleschieber zur Hand haben, so verwenden Sie ein grobmaschiges Sieb.

Nach obigem Rezept können Sie auch Petersilienknöpfle zubereiten. Dafür noch 2 Bund frisch gehackte Petersilie unter den Teig mischen. Dann weiter wie beschrieben verfahren. Richtig grün werden die Petersilienknöpfle, wenn man den Teig zusätzlich mit 2 Esslöffeln blanchiertem, fein gehackten Spinat färbt.

Agnes Winkler

Spätzle

400 g Mehl
4 Eier
Salz
Prise Muskatnuss
kaltes Wasser
Butter zum Schwenken

Mehl, Eier, Salz, Muskatnuss und so viel Wasser, dass ein geschmeidiger Teig entsteht, verrühren.

In einem Topf reichlich Salzwasser zum Kochen bringen. Den Teig dünn auf einem angefeuchteten Brett verstreichen und mit einem breiten Messer Streifen ins kochende Wasser schaben. Die Spätzle einmal aufkochen lassen. Wenn sie an die Oberfläche steigen, mit einem Schaumlöffel herausheben und in lauwarmes Wasser geben. Diesen Vorgang wiederholen, bis der gesamte Teig aufgebraucht ist. Die fertigen Spätzle abgießen, in heißer Butter schwenken und servieren.
Für 4 Personen.

Tipp: Die Spätzle können Sie nach Geschmack mit Auszugsmehl, mit Vollkornmehl oder mit einer Mischung aus beidem zubereiten. Der fertige Teig kann auch portionsweise durch eine Spätzlepresse in das kochende Wasser gepresst werden.

Renate Schäfer

Ziegrenudeln

250 g Mehl
2 Eigelb
125 g Magerquark
Salz
1 EL frisch gehackter Estragon oder Schnittlauch
Fett zum Backen

Mehl, Eigelb, Quark, Salz und Kräuter zu einem glatten Teig verkneten. Bei Bedarf noch etwas Mehl zufügen. Fingerlange Nudeln oder runde Küchlein formen und in heißem Fett schwimmend goldgelb ausbacken.
Für 2–3 Personen.

Tipp: Dazu werden verschiedene Salate serviert.

Agnes Winkler

Hausgemachte Nudeln

2 Eier
2 halbe Eischalen Wasser
250 g Mehl

1 EL Semmelbrösel
1 EL Butter

Die Eier mit einer Gabel gut verquirlen, dann das Wasser zugeben und nach und nach das Mehl einarbeiten. Den Teig auf das bemehlte Nudelbrett setzen und so lange kneten, bis er beim Durchschneiden Löchlein zeigt. Den Teig vierteln und jedes Viertel zu einem runden Laibchen formen. Diese auf einen Teller legen und mit einem zweiten Teller abdecken, damit sie nicht austrocknen.

Die Teigportionen nacheinander auf der bemehlten Arbeitsfläche von der Mitte aus gleichmäßig zu runden Teigplatten ausrollen. Diese müssen so dünn sein, dass man eine darunter liegende Zeitung lesen könnte, dürfen aber keine Löcher haben. Die Nudelplatten auf frischen Küchentüchern ausbreiten und 30–40 Minuten trocknen lassen. Die fast trockenen Teigplatten einzeln weiterverarbeiten. Jede Platte auf die Arbeitsfläche legen, in der Mitte durchschneiden und an den Schnittkanten aufeinander legen. Von der Längsseite her aufrollen und in fingerbreite Streifen (als Beilage) oder in sehr feine Streifen (als Suppeneinlage) teilen. Die fertigen Nudeln mit den Fingern auflockern, ausbreiten und noch etwa 1 Stunde trocknen lassen.

Die Nudeln in kochendem Salzwasser etwa 10 Minuten kochen, mit dem Schaumlöffel herausheben und auf eine vorgewärmte Platte geben. Die Semmelbrösel in heißer Butter goldgelb rösten, über die Nudeln streuen und servieren.
Ergibt 4 Nudelplatten.

Tipp: Werden die Nudeln nicht gleich gekocht, so können sie in einem geschlossenen Behälter trocken aufbewahrt werden. Hausgemachte Nudeln schmecken zu jedem soßenreichen Braten. Pro Portion rechnet man 1–1 1/2 Nudelplatten.

Ruth Zimmermann

Kratzete

3 Eier
500 ml Milch
Salz
250 g Mehl

Fett zum Braten

Alle Zutaten zu einem glatten Teig verrühren und 30 Minuten quellen lassen. Etwas Fett in einer Pfanne erhitzen. Eine Schöpfkelle Teig hineingeben und auf einer Seite goldgelb backen. Dann wenden und schnell mit zwei Gabeln in Stücke reißen. Die Pfannkuchenstücke knusprig backen. Wiederholen bis der gesamte Teig aufgebraucht ist.
Für 3–4 Personen.

Tipp: Eine beliebte Beilage zu Spargel, Waldpilzen oder frischen Waldbeeren.

Hermine Strittmatter

Weck-Kratzete

5 altbackene Brötchen
500 ml heiße Milch
2–3 Eier
Salz
80 g Butter

Die Brötchen in Scheiben schneiden und in eine Schüssel legen. Mit Milch begießen und kurz ziehen lassen. In der Zwischenzeit Eier und Salz verquirlen. Den Eierschaum zur Brötchenmasse geben und alles gut verrühren.

Die Butter in einer Pfanne erhitzen. Die Brötchenmasse hineingeben und anbacken lassen. Dann mit einem Pfannenwender in kleine Stücke teilen und gut durchbacken.
Für 4 Personen.

Irmgard Wiesler

Chinesengurken

3 Salatgurken
500 ml Essig
500 ml Apfelsaft
400 g Zucker
2 EL Curry
2 Zimtstangen
1 TL Koriandersamen
Senfkörner zum Bestreuen

Die Gurken schälen und in 10 cm lange Stücke schneiden. Essig, Apfelsaft und Zucker in einem Topf zum Kochen bringen. Curry, Zimtstangen und Koriander zugeben und weitere 3 Minuten kochen.

Einen Steinguttopf oder Schraubgläser zu zwei Dritteln mit Gurkenstücken füllen. Den kochenden Sud über die Gurken gießen und mit Senfkörnern bestreuen. Noch heiß verschließen.

Tipp: Diese eingelegten Gurken gehören zum traditionellen badischen Hochzeits- oder Konfirmationsmenü. Hier werden sie als Beilage zum gekochten Rindfleisch (siehe Seite 57) gereicht.

Freya Hauert

Kürbis-Chutney

125 g Zwiebeln
500 g Kürbis-Fruchtfleisch
500 g mehlige Äpfel
1 unbehandelte Zitrone
2 EL Öl
1 Prise gemahlener Ingwer
2 Zimtstangen
1 TL gemahlener Koriander
175 g Zucker
1 Prise Salz

Die Zwiebeln abziehen und würfeln. Den Kürbis ebenfalls in kleine Würfel schneiden. Die Äpfel schälen, das Kerngehäuse entfernen und in Stücke teilen. Die Zitrone heiß abwaschen und dünn abschälen.

Das Öl erhitzen und die Zwiebeln darin glasig dünsten. Kürbis- und Apfelstücke, Zitronenschale sowie die Gewürze zugeben. Alles bei milder Hitze 30–40 Minuten schmoren lassen. Dabei gelegentlich umrühren. Die Äpfel dürfen völlig zerkochen, der Kürbis sollte noch etwas stückig bleiben.

Zum Schluss Zitronenschale und Zimtstangen entfernen. Das Chutney nochmals abschmecken und heiß in Schraubgläser füllen.

Tipp: Dieses Chutney passt zu warmen und kalten Fisch- und Fleischgerichten.

Regina Schlageter

Rosenkuchen

Für den Hefeteig:
400 g Mehl
20 g Hefe
180 ml Milch
Prise Zucker
Salz
20 g Fett
1 Ei

Für die Füllung:
1–2 Zwiebeln, gehackt
1 Bund frisch gehackte Petersilie
2 EL Fett
200 g Schinkenspeck, fein gewürfelt
Salz und Pfeffer

Aus den angegebenen Zutaten einen Hefeteig bereiten. Abgedeckt an einem warmen Ort gehen lassen, bis sich sein Volumen verdoppelt hat.

In der Zwischenzeit für die Füllung Zwiebeln und Petersilie in heißem Fett andünsten. Den Schinkenspeck zugeben und kurz mitdünsten. Die Füllung mit Salz und Pfeffer abschmecken.

Den fertigen Hefeteig zu einem Rechteck ausrollen. Mit der Schinkenfüllung bestreichen und von der Längsseite her aufrollen. 4 cm breite Scheiben von der Rolle abschneiden und in eine gut gefettete Springform setzen. Nochmals kurze Zeit gehen lassen. Den Rosenkuchen im vorgeheizten Backofen bei Mittelhitze (180 Grad) 40 Minuten backen.
Für 4 Personen.

Tipp: Dazu gibt's Sauerkraut oder frischen Salat.

Margret Eckerle

Ins Netz gange
Fischgerichte

Felchen in Tomatenbutter

8 Felchenfilets
Saft von 1/2 Zitrone
Salz und Pfeffer
50 g Mehl
1 kleine Zucchini
2 Fleischtomaten
4 EL Butter

Die Felchenfilets kalt abspülen und trockentupfen. Dann mit Zitronensaft beträufeln und salzen. Die Filets zuletzt in Mehl wenden. Die Zucchini waschen, putzen und in kleine Würfel schneiden. Die Tomaten abziehen, halbieren, entkernen und ebenfalls klein würfeln.

2 Esslöffel Butter in einer Pfanne erhitzen und die Felchenfilets darin bei mittlerer Hitze von jeder Seite 2 Minuten goldbraun braten. Herausnehmen und warm stellen. In einer zweiten Pfanne die restliche Butter erhitzen und die Gemüsewürfel darin bei mittlerer Hitze 3 Minuten unter Rühren garen. Zum Servieren die Felchenfilets auf Tellern anrichten und mit der Tomatenbutter übergießen.
Für 4 Personen.

Tipp: Dazu gibt's Salzkartoffeln.

Annette Parnemann

Forelle im Silbermantel

4 Forellen à 250 g, küchenfertig
Salz
4 Bund gemischte Kräuter (Dill, Schnittlauch, Zitronenmelisse, Zitronenthymian, Petersilie)
2 Zwiebeln
100 g Butterflöckchen
125 ml trockener Weißwein

Die Forellen innen und außen kalt abspülen, trockentupfen. Dann gut salzen und jeden Fisch auf ein Stück Alufolie legen.

Die Kräuter waschen, trockentupfen, fein hacken und mischen. Die Zwiebeln abziehen, halbieren und in Ringe schneiden. Die Forellen mit Kräutern und Zwiebelringen füllen. Bauchhöhle und Oberfläche der Fische mit Butterflöckchen belegen. Jede Forelle zuletzt mit 4 Esslöffeln Wein beträufeln.

Die Alufolie gut verschließen, so dass keine Flüssigkeit austreten kann. Die Folienpäckchen im vorgeheizten Backofen bei 180–200 Grad 20–30 Minuten garen.
Für 4 Personen.

Tipp: Servieren Sie dazu Butterkartöffelchen und Blattsalat. Die Zwiebelmenge können Sie nach Geschmack variieren.

Renate Schäfer

Forelle badische Art

4 Forellen à 300 g, küchenfertig
Mehl
Butter zum Braten
Salz und Pfeffer
1 Zwiebel, fein gehackt
150 g Schinkenspeck, gewürfelt
250 g Champignons, blättrig geschnitten
200 ml Weißwein
200 g Sauerrahm
1 Knoblauchzehe, zerdrückt
1 EL frisch gehackte Petersilie

Die Forellen kalt abspülen und trockentupfen. Dann innen salzen und pfeffern und in Mehl wenden. Die Butter in einer Pfanne erhitzen und die Fische darin goldbraun anbraten. Anschließend in eine Auflaufform legen und warm stellen.

Zwiebel, Schinkenspeck und Pilze im Bratenfond der Fische weich dünsten. Mit dem Wein ablöschen. Sauerrahm, Knoblauch und Petersilie vermischen und unter die Schinkenmasse rühren. Diese Soße über die Forellen gießen und 10 Minuten bei geringer Hitze darin ziehen lassen.
Für 4 Personen.

Tipp: Dazu gibt's Salzkartoffeln und grünen Salat.

Susan Rauch

Riesling-Forelle vom Grill

1 Forelle, küchenfertig
Salz und Pfeffer
1 Bund frische gemischte Kräuter (Petersilie, Basilikum, Rosmarin)
125 ml trockener badischer Riesling

Die Forelle waschen und trockentupfen. Die Bauchhöhle mit Salz und Pfeffer würzen, dann die Kräuter hineinstecken. Die Forelle in ein Stück Alufolie wickeln, dabei an einer Seite eine Öffnung lassen. In diese Öffnung den Riesling gießen und anschließend gut verschließen.

Die Riesling-Forelle auf dem heißen Grill von jeder Seite 7–9 Minuten grillen.
Für 1 Person.

Tipp: Ein delikates Gericht für die Grillsaison. Dazu passen Baguette und natürlich ein trockener badischer Riesling.

Anton Kaiser

Hecht im Speckmantel

Den Hecht kalt abspülen, trockentupfen und innen gut salzen. Dann den Rücken des Fisches mit einigen Schinkenspeckscheiben belegen. Den restlichen Schinkenspeck würfeln und in einem Bräter glasig dünsten. Den Hecht darauf setzen und mit Butter übergießen. Den Bräter in den vorgeheizten Backofen schieben und bei 220 Grad 30 Minuten garen. 10 Minuten vor Ende der Garzeit den Wein angießen. 5 Minuten vor Ende der Garzeit den Hecht mit Semmelbröseln bestreuen und überkrusten lassen.

Den Hecht danach vorsichtig aus dem Bräter heben und auf einer vorgewärmten Platte anrichten. Zuletzt die Soße mit Sauerrahm binden und mit Salz und Pfeffer abschmecken. Sofort servieren.
Für 4 Personen.

Susan Rauch

1 Hecht à 1 kg, küchenfertig
Salz und Pfeffer
100 g Schinkenspeck, in Scheiben
100 g Butter, geschmolzen
125 ml Weißwein
2 EL Semmelbrösel
etwas Sauerrahm

Kretzerfilet auf Gemüsereis

2 Schalotten, gehackt
Butter
125 g Langkornreis
125 ml trockener badischer Weißwein
125 ml Geflügelfond
1 rote Paprikaschote
1 grüne Paprikaschote
150 g Zucchini
Salz und Pfeffer
800 g Kretzerfilets

Die Schalotten in heißer Butter andünsten. Den Reis zugeben, etwas andünsten, dann Wein und Geflügelfond angießen. Aufkochen und etwa 20 Minuten quellen lassen.

In der Zwischenzeit das Gemüse waschen und putzen. Bei den Paprikaschoten die Kerne und Rippen entfernen. Paprika und Zucchini in kleine Würfel schneiden. Die Gemüsewürfel in etwas heißer Butter etwa 3 Minuten bissfest dünsten. Mit Salz und Pfeffer würzen und unter den gegarten Reis mischen.

Die Kretzerfilets kalt abspülen und trockentupfen, dann salzen und pfeffern. In einer Pfanne etwas Butter erhitzen und die Filets in zwei Portionen jeweils etwa 2 Minuten braten. Den Gemüsereis nochmals abschmecken und zum Fisch servieren.
Für 4 Personen.

Info: Der Kretzer (badisch für Egli) ist im Bodensee beheimatet, wo er mit Netzen gefangen wird. Wegen seines festen, schmackhaften und schneeweißen Fleisches ist er als Speisefisch sehr beliebt. Seinen Namen hat ihm die messerscharfe Rückenflosse eingebracht.

Renate Heid

Kretzerfilet mit Kräutern

Die Kretzerfilets kalt abspülen und trockentupfen. Dann mit Salz und Pfeffer würzen und in Mehl wenden. Die Butter in einer Pfanne erhitzen und den Fisch darin anbraten. Mit Wein ablöschen, mit Zwiebelwürfeln und Kräutern bestreuen und die Filets bei geringer Hitze 8 Minuten dünsten.

Die Filets danach herausnehmen, auf eine Servierplatte legen und warm stellen. Die Sahne unter den Fond ziehen und diese Soße über die Filets gießen. Mit Petersilie bestreuen und sofort servieren.

Für 4 Personen.

Tipp: Reichen Sie zu diesem leichten und schnellen Gericht Salzkartoffeln und einen gemischten Salat.

Damaris Leser

800 g Kretzerfilets
Salz und Pfeffer
2 EL Mehl
2 EL Butter
125 ml trockener badischer Weißwein
1 Zwiebel, fein gehackt
1 TL frisch gehackter Rosmarin
1 TL frisch gehackter Salbei
1 TL frisch gehackter Thymian
1 TL frisch gehacktes Basilikum
125 ml Sahne
2 EL frisch gehackte Petersilie

Kretzerfilet mit Egerlingsoße

800 g Kretzerfilets
Saft von 2 Zitronen
Salz und Pfeffer
80 g Butter
1 Zwiebel, fein gehackt
200 g Egerlinge, blättrig geschnitten
200 ml Sekt
200 ml Sahne
1 Bund frisch gehackte Petersilie

Die Kretzerfilets kalt abspülen und trockentupfen. Dann mit der Hälfte des Zitronensafts beträufeln und salzen.

Für die Soße 40 g Butter in einem Topf erhitzen und die Zwiebel darin glasig dünsten. Die Pilze zufügen und bei mittlerer Hitze garen, bis die gesamte Flüssigkeit verdampft ist. Den Sekt zugießen und einige Minuten einkochen lassen. Die Sahne zufügen und die Soße mit dem restlichen Zitronensaft sowie Salz und Pfeffer abschmecken.

Die restliche Butter in einer Pfanne erhitzen und die Kretzerfilets bei mittlerer Hitze von jeder Seite 2–3 Minuten braten. Anschließend auf einer vorgewärmten Platte anrichten. Die Petersilie im Bratenfond schwenken und über den Fisch verteilen. Die Soße getrennt dazu reichen.
Für 4 Personen.

Tipp: Servieren Sie dazu Salzkartoffeln.

Anna Burger

Gratinierter Zander

1 Zitrone
1 Zander à 1 1/2 kg, küchenfertig
Salz und Pfeffer
einige Zweige Dill und Petersilie
Mehl
130 g Butter
180 g Champignons, blättrig geschnitten
50 g Schalotten, fein gehackt
250 ml trockener badischer Riesling
250 ml Sahne
250 g Crème fraîche
1/2 Knoblauchzehe, zerdrückt
1–2 Bund frisch gehackte gemischte Kräuter (Dill, Schnittlauch, Petersilie, Estragon)
2 EL geschlagene Sahne

Von der Zitrone zwei Scheiben abschneiden, die restliche Frucht auspressen. Den Zander kalt abspülen und trockentupfen. Dann mit Zitronensaft sowie Salz und Pfeffer würzen, dabei etwas Zitronensaft zurückbehalten. Die Bauchhöhle mit Kräuterzweigen und den zwei Zitronenscheiben füllen. Den Fisch in Mehl wenden. Den Backofen auf 230 Grad vorheizen.

80 g Butter in einer großen, ofenfesten Pfanne erhitzen und den Zander darin anbraten. Champignons und Schalotten zugeben und 20 Minuten im heißen Backofen garen. Gegen Ende der Garzeit Wein und Sahne angießen. Den Fisch mehrmals mit der Flüssigkeit beträufeln und leicht bräunen lassen. Den fertigen Zander aus dem Ofen nehmen, auf eine Servierplatte heben und warm stellen.

Für die Soße die restliche Butter und Crème fraîche in den Bratenfond rühren. Die Soße mit zurückbehaltenem Zitronensaft sowie Salz, Pfeffer und Knoblauch abschmecken. Zuletzt die Kräuter und die geschlagene Sahne unterziehen. Den Zander mit der Soße übergießen und sofort servieren.
Für 6 Personen.

Tipp: Dazu schmecken hausgemachte, in Butter geschwenkte breite Nudeln (siehe Seite 39).

Annette Parnemann

Schellfisch mit Senfsoße

4 Schellfischfilets
Saft von 1 Zitrone
30 g Butter
3 EL Mehl
250 ml Fleischbrühe
3 EL mittelscharfer Senf
Salz und Pfeffer
Prise Zucker
Schuss Weißwein

Die Fischfilets kalt abspülen und trockentupfen. Auf einem Teller mit Zitronensaft beträufeln und 10 Minuten ziehen lassen, dann salzen. In heißer Butter von beiden Seiten braten, herausheben und warm stellen.

Das Mehl in etwas Wasser anrühren und unter Rühren in den Bratenfond gießen. Mit Fleischbrühe auffüllen und aufkochen lassen. Den Senf unterziehen und die Soße mit Salz, Pfeffer, Zucker und Wein abschmecken. Die Senfsoße getrennt zum Schellfisch servieren.
Für 4 Personen.

Tipp: Dazu gehören Salzkartoffeln. Fischgerichte, besonders solche aus Seefisch, waren früher in einigen Teilen Badens nur wenig üblich. In manchen Familien kam Fisch gar nur einmal im Jahr auf den Tisch: am Karfreitag. Dieses Gericht ist ein typisches Karfreitagsessen – es schmeckt aber auch an anderen Tagen.

Karin Giesin

Fisch in heller Soße

Den Fisch waschen, trockentupfen, mit Zitronensaft beträufeln und salzen.

In einem weiten Topf die Gemüsebrühe mit Lorbeerblatt und Wacholderbeeren zum Kochen bringen. Die Fischfilets hineinlegen und bei geringer Hitze 10–15 Minuten ziehen lassen. Sie sollen ganz mit Brühe bedeckt sein, bei Bedarf noch etwas Wasser zugießen. Den fertigen Fisch vorsichtig herausheben, auf eine Servierplatte legen und warm stellen. Den Sud mit Speisestärke binden und mit Sahne verfeinern. Die Soße über den Fisch geben und sofort servieren.
Für 4 Personen.

Tipp: Dazu passen Salzkartoffeln oder Reis. Besonders fein schmeckt dieses Gericht mit Knoblauchbaguette.

Helga Kaiser

4 Fischfilets (Seelachs, Rotbarsch)
Saft von 1 Zitrone
Salz
500–750 ml Gemüsebrühe
1 Lorbeerblatt
2–3 Wacholderbeeren
1–2 EL Speisestärke
etwas Sahne oder Crème fraîche

Überbackener Goldbarsch

4 Goldbarschfilets
Saft von 1 Zitrone
Salz
2 EL Butter
3 Tomaten
2 TL Kapern
1/2 Apfel, gewürfelt
1 kleine Gewürzgurke, gewürfelt
1 kleine Zwiebel, gewürfelt
1 Scheibe gekochter Schinken, gewürfelt
einige Butterflöckchen
4 Scheiben Emmentaler
200 ml badischer Weißwein
1/2 Bund frisch gehackte Petersilie

Den Fisch waschen, trockentupfen, mit Zitronensaft beträufeln und salzen. Den Backofen auf 180 Grad vorheizen. Die Tomaten überbrühen, abziehen und in Scheiben schneiden.

Eine ofenfeste Form mit Butter ausstreichen. Die Tomatenscheiben darin in einer Schicht verteilen. Die Fischfilets auf die Tomaten setzen. Diese mit Kapern, Apfel, Gewürzgurke, Zwiebel und Schinken bestreuen. Zuletzt mit Butterflöckchen belegen und im heißen Ofen 10 Minuten garen. Anschließend jedes Filet mit einer Käsescheibe belegen, den Wein angießen und weitere 10 Minuten garen. Den fertigen Goldbarsch mit Petersilie bestreuen und sofort in der Form servieren.
Für 4 Personen.

Tipp: Dazu schmecken Salzkartoffeln und ein gemischter Salat nach Saison. Reichen Sie als Getränk einen trockenen badischen Weißwein.

Renate Heid

Was Rechts zum Esse

Fleischgerichte

Breite Nudeln mit Schnecken

24 Schnecken (Dose), abgetropft
100 g Schinkenspeck, in Streifen
1 kleine Zwiebel
1 EL Butter
150 ml Weißwein
400 ml Sahne
350 g breite Nudeln
1 TL frisch gehackter Thymian
Prise Zucker
Prise Muskatnuss
Salz und Pfeffer

Die Schnecken grob hacken. Den Schinkenspeck in schmale Streifen schneiden, die Zwiebel fein hacken.

Die Butter in einem Topf erhitzen und den Speck darin knusprig braten. Die Zwiebel zufügen und glasig dünsten. Dann die Schnecken zugeben und kurz mitbraten. Wein und Sahne angießen und die Soße bei kleiner Hitze cremig einkochen. In der Zwischenzeit die Nudeln in kochendem Salzwasser bissfest garen. Abgießen und in eine große Schüssel umfüllen.

Die Schneckensoße mit Thymian, Zucker, Muskatnuss, Salz und Pfeffer abschmecken. Über die Nudeln geben, gut vermischen und sofort servieren.

Für 4 Personen.

Helga Bürsner

Eingemachtes Kalbfleisch

500 g Kalbfleisch (Brust oder Bug)
kochendes Wasser
2 Zwiebeln
2 Gewürznelken
1 Lorbeerblatt
50 g Butter
4 EL Mehl
500 ml Fleischbrühe
2 Zitronenscheiben, entkernt
2 TL Salz
Prise Pfeffer
4 EL Weißwein
frisch gehackte Petersilie nach Wunsch

Das Fleisch in Würfel schneiden und mit kochendem Wasser überbrühen, damit es hell wird, dann abgießen. Die Zwiebeln abziehen und mit Gewürznelken und Lorbeerblatt spicken.

Aus Butter und Mehl eine helle Mehlschwitze herstellen. Mit Fleischbrühe ablöschen. Gespickte Zwiebeln, Zitronenscheiben, Salz und Pfeffer zufügen. Das Fleisch hineingeben und in 1–1 1/2 Stunden weich dämpfen. Zuletzt mit Weißwein abschmecken. Das eingemachte Kalbfleisch nach Belieben mit Petersilie bestreuen und servieren.

Für 4 Personen.

Tipp: Dazu passen am besten hausgemachte breite Nudeln (siehe Seite 39).

Ruth Zimmermann

Gekochtes Rindfleisch mit Meerrettichsoße und Bouillonkartoffeln

In einem großen Topf Markknochen und Wasser zum Kochen bringen. Das Fleisch hineingeben und 1 Stunde leise köcheln lassen. Gemüse, Petersilie und Gewürze zur Suppe geben und nochmals etwa 1 Stunde köcheln lassen. Nach Ende der Garzeit das Fleisch aus der Brühe nehmen und warm stellen. Die Brühe durch ein feines Sieb gießen.

Für die Meerrettichsoße den frischen Meerrettich waschen, schälen und reiben. Aus Butter, Mehl, Milch und Fleischbrühe eine helle Einbrenne bereiten. Den Meerrettich zugeben und einige Minuten köcheln lassen. Die Soße mit Zucker, Salz, Pfeffer und Muskatnuss abschmecken.

Für die Bouillonkartoffeln die Kartoffeln waschen, schälen und in 2 cm große Würfel schneiden. In der Fleischbrühe langsam weich garen. Die fertigen Kartoffeln in der Brühe zu Tisch geben.

Zuletzt das Rindfleisch in Scheiben schneiden und mit Meerrettichsoße und Bouillonkartoffeln servieren.
Für 4 Personen.

Tipp: Zu diesem badischen Festtagsgericht reicht man traditionell Preiselbeeren und Rahnensalat (Rote-Bete-Salat, siehe Seite 26). Für Meerrettichsoße und Bouillonkartoffeln wird der Kochsud vom Rindfleisch verwendet. Sollte noch Fleischbrühe übrig bleiben, so servieren Sie diese als Vorspeise mit einer Einlage Ihrer Wahl.

Helga Kaiser

250–300 g Markknochen
2 l kaltes Wasser
800 g mageres Rindfleisch (Brust, Tafelspitz)
3–5 Karotten
2–3 Lauchstangen
1 Sellerieknolle, geschält und in Stücken
1 Zwiebel mit Schale
1–2 Tomaten
2–3 Stängel Petersilie
1 Lorbeerblatt
Salz und Pfeffer
Prise Muskatnuss

Für die Meerrettichsoße:
1 Meerrettichstange oder 5 EL geriebener Meerrettich (Glas)
30–40 g Butter
2–3 EL Mehl
100 ml Milch
100 ml Fleischbrühe
Prise Zucker
Salz und Pfeffer
Prise Muskatnuss

Für die Bouillonkartoffeln:
1 kg Kartoffeln
500 ml Fleischbrühe

Ochsenzunge in Madeirasoße

1 Rinderzunge
1 Bund Suppengrün, zerkleinert
1 Lorbeerblatt
einige Pfefferkörner

Für die Madeirasoße:
80 g Butter
80 g Mehl
1 l Kochbrühe
4 EL vom gekochten Suppengrün, durchpassiert
1–2 EL Tomatenmark
Salz
Prise Zucker
etwas Zitronensaft
Schuss Madeira

Die Rinderzunge gut waschen und abbürsten. In kochendes Salzwasser legen und 2 Stunden nur leicht ziehen lassen. Jetzt Suppengrün, Lorbeerblatt und Pfefferkörner zugeben und weitere 3–4 Stunden garen. Die Zunge ist gar, wenn ihre Spitze sich beim Einstechen mit einem Messer weich anfühlt. Die Zunge aus dem Kochsud nehmen und sofort häuten. Dann wieder zum Warmhalten in die Kochbrühe zurücklegen.

Für die Madeirasoße aus Butter und Mehl eine braune Einbrenne bereiten. Mit der Kochbrühe ablöschen und gut durchkochen lassen. Durchpassiertes Suppengrün und Tomatenmark zugeben und mit Salz, Zucker und Zitronensaft würzen. Zuletzt mit einem kräftigen Schuss Madeira abschmecken.

Die Zunge aus der Brühe nehmen, in Scheiben schneiden und mit der Soße servieren.
Für 4 Personen.

Tipp: Dazu gibt's hausgemachte breite Nudeln mit Butter (siehe Seite 39).

Hermine Strittmatter

Rouladen in Rotwein

4 Rinderrouladen
Salz und Pfeffer
3 EL Öl
375 ml trockener Rotwein
1 TL getrockneter Rosmarin
150 g Crème fraîche
Prise Zucker

Für die Füllung:
100 g durchwachsener Räucherspeck
2 Karotten
100 g Champignons
1 Zwiebel
1 Knoblauchzehe
1 Bund Petersilie
1 EL Öl

Die Rouladen flach klopfen, salzen und pfeffern.

Für die Füllung Räucherspeck, Karotten und Champignons in kleine Würfel schneiden. Zwiebel, Knoblauch und Petersilie fein hacken. In einem Topf das Öl erhitzen und den Räucherspeck darin anbraten. Zwiebel und Knoblauch zufügen und glasig dünsten. Karotten und Champignons zugeben und ebenfalls andünsten. Den Topf vom Herd nehmen und die Petersilie unterrühren. Die Füllung auf die vorbereiteten Rouladen streichen, dann aufrollen und mit Zahnstochern feststecken.

In einem großen Topf das Öl erhitzen und die Rouladen darin von allen Seiten braun anbraten. Mit Wein ablöschen, den Rosmarin zufügen, abdecken und 1 1/2 Stunden schmoren lassen. Die fertigen Rouladen herausnehmen und die Soße mit Crème fraîche binden. Mit Salz, Pfeffer und Zucker abschmecken und zu den Rouladen reichen.

Für 4 Personen.

Renate Riesterer

Gefüllter Schweinebauch

1 kg magerer Schweinebauch
Salz und Pfeffer
Prise Paprikapulver
1 Zwiebel
1 Knoblauchzehe
1 EL Fett
150 g gemischtes Tiefkühl-Gemüse (Paprika, Mais, Erbsen)
150 g Hackfleisch oder Brät
1 Ei

In das Fleischstück eine tiefe Tasche schneiden und die Schwarte rautenförmig einritzen. Den Schweinebauch innen und außen mit Salz, Pfeffer und Paprika würzen.

Für die Füllung Zwiebel und Knoblauch fein hacken und in heißem Fett andünsten. Gemüse zugeben und 3 Minuten mitdünsten. In eine Schüssel umfüllen. Hackfleisch, Ei und Gewürze zufügen und alles gut verkneten.

Die Hackfleischmasse in die Tasche füllen und diese mit Zahnstochern verschließen. Den Schweinebauch in einen gewässerten Römertopf legen und im Backofen bei 200 Grad etwa 2 Stunden garen.
Für 4 Personen.

Annette Parnemann

Kassler im Brotteig

1/2 TL weißer Pfeffer
1/2 TL getrockneter Thymian
1/2 TL getrockneter Salbei
1 EL mittelscharfer Senf
1 EL Öl
1 1/2 kg Kassler ohne Knochen
1 kg Brotteig

Gewürze, Senf und Öl verrühren und das Kassler damit rundum bestreichen.

Den Brotteig auf der bemehlten Arbeitsfläche 1 cm dick ausrollen, auf das Fleisch legen und unter dem Fleisch zusammendrücken. Das Kassler auf ein Backblech legen und 10 Minuten ruhen lassen.

In der Zwischenzeit den Backofen auf 200 Grad vorheizen. Das Kassler dann im heißen Backofen 60 Minuten backen. Vor dem Anschneiden nochmals 15 Minuten ruhen lassen.
Für 6 Personen.

Tipp: Gebrauchsfertigen Brotteig erhalten Sie bei Ihrem Bäcker. Ein Rezept für selbst gemachten Teig finden Sie auf Seite 63.

Renate Heid

Badisches Schäufele mit Kartoffelsalat

1 Schäufele à 1 1/4 kg
2 Zwiebeln, grob zerteilt
1 Lorbeerblatt

Für den Kartoffelsalat:
1 kg fest kochende Kartoffeln
1 EL mittelscharfer Senf
Salz und Pfeffer
1 TL Zucker
3 EL Weinessig
6 EL Öl
100 g Frühlingszwiebeln, in Scheibchen

Das Schäufele in einen Topf legen, mit kaltem Wasser bedecken und zum Kochen bringen. Zwiebeln und Lorbeerblatt zugeben und bei milder Hitze etwa 2 Stunden kochen lassen. Dann vom Herd nehmen und weitere 15 Minuten im Sud liegen lassen.

In der Zwischenzeit den Kartoffelsalat zubereiten. Dafür die Kartoffeln in der Schale bissfest kochen, abgießen, etwas auskühlen lassen, dann pellen. Aus Senf, Salz, Pfeffer, Zucker, Essig, Öl und 150 ml Kochsud vom Schäufele in einer Schüssel eine Vinaigrette bereiten. Die Kartoffeln in Scheibchen direkt in die Vinaigrette schneiden. Vorsichtig durchmischen, abdecken und kurz durchziehen lassen. Vor dem Servieren die Frühlingszwiebeln unterheben und nochmals abschmecken.

Das Schäufele aus dem Sud nehmen, in dünne Scheiben schneiden und mit dem Kartoffelsalat servieren.
Für 4 Personen.

Info: Das Schäufele ist die Krönung des bäuerlichen Speisezettels im Schwarzwald: kein Weihnachten, kein Ostern, kein Familienfest ohne Schäufele.

Das gepökelte und geräucherte Fleischstück von der Schweineschulter gehört zum Standardsortiment jedes Metzgers in der Region. Traditionell serviert man es mit warmem Kartoffelsalat, der mit Kochsud vom Schäufele angemacht wird, und sauer Eingelegtem.

Hermine Strittmatter

Senfbraten

1 kg ausgelöstes Kotelett
1 EL grüner Pfeffer
4 EL Senf
1 TL frisch gehackter Majoran
1 TL frisch gehacktes Basilikum
1 TL frisch gehackter Salbei
2 Bund frisch gehackter Schnittlauch
1 Bund frisch gehackte Petersilie
4 EL Öl
Fett zum Braten
250 ml heißes Wasser

Das Kotelettstück längs einschneiden und zu einer Fläche aufklappen. Pfeffer, Senf, Kräuter und Öl mischen. Das Fleisch mit zwei Dritteln der Kräutermasse bestreichen. Dann aufrollen und mit Küchengarn zusammenbinden. Den Braten außen mit der restlichen Kräutermischung bestreichen.

In einem Bräter etwas Fett erhitzen und das Fleisch von allen Seiten darin anbraten. Den Senfbraten mit Wasser ablöschen und im vorgeheizten Backofen bei 200 Grad etwa 60 Minuten garen.

Für 4 Personen.

Helga Bürsner

Lummele im Brotteig

1 Schweinelende
Salz und Pfeffer
4 EL Öl

Für den Teig:
500 g Mehl
1 Würfel Hefe
1 TL Salz
500 ml Wasser

Die Lende salzen, pfeffern und im heißen Öl in einer Pfanne rundum anbraten. Das Fleisch soll innen noch rosa sein. Aus der Pfanne nehmen und auf einem Teller abkühlen lassen.

Aus Mehl, Hefe, Salz und Wasser einen Hefeteig herstellen und in einer bemehlten Schüssel zugedeckt 20–30 Minuten gehen lassen. Den Teig zu einer Platte ausrollen. Die Lende auf den Teig setzen und einrollen. Mit der Teignaht nach unten auf ein gefettetes Backblech legen. Zugedeckt etwa 15 Minuten gehen lassen. Im vorgeheizten Backofen bei 200 Grad 30–40 Minuten backen.
Für 4 Personen.

Tipp: Dazu schmecken grüner Salat und ein frisch gezapftes, kühles Bier.

Anna Burger

Apfelfilet

1 Schweinefilet à 500 g
Prise weißer Pfeffer
1 TL getrockneter Rosmarin
2 EL Öl
2 Zwiebeln
2 große Äpfel
Salz
2 EL Apfelschnaps oder Cognac
100 ml Sahne

Das Schweinefilet von verbliebenen Häutchen befreien, waschen und gut trockentupfen. Dann mit Pfeffer und Rosmarin einreiben. Das Öl in einer Pfanne erhitzen und das Filet darin von allen Seiten gut anbraten. Anschließend weitere 10–15 Minuten fast durchbraten. Das fertige Filet aus der Pfanne nehmen und warm stellen.

Zwiebeln und Äpfel schälen und in Scheiben schneiden. Beides im Bratfett 15 Minuten dünsten. Sparsam salzen. Das Filet wieder in die Pfanne geben und ebenfalls leicht salzen. Mit Apfelschnaps begießen und anzünden. Die Flamme mit der Sahne ablöschen. Die Soße nochmals aufkochen lassen und mit Salz und Pfeffer abschmecken. Das Filet in Scheiben schneiden und mit der Soße servieren.
Für 3–4 Personen.

Renate Müller

Filetspitzen in Zitronenrahm

700 g Schweinefilet
Salz und Pfeffer
30 g Butter
375 ml Sahne
2 Eigelb
125 ml Weißwein
1 TL Speisestärke
1/2 TL abgeriebene Zitronenschale
2 EL Zitronensaft
1 Dose Artischockenherzen, abgetropft
Prise Zucker
frisch gehackte Petersilie

Das Schweinefilet in 3 cm dicke Scheiben schneiden. Diese von beiden Seiten leicht salzen und pfeffern. Die Butter in einer Pfanne erhitzen und die Filets darin beidseitig braun anbraten, dann bei mittlerer Hitze 5 Minuten garen. Aus der Pfanne nehmen und warm stellen.

Das Bratfett in einen Topf umgießen. Die Sahne zufügen und auf die Hälfte einkochen lassen. Eigelb, Wein und Speisestärke verquirlen, in die kochende Soße rühren und kurz aufwallen lassen. Die Soße mit Zitronenschale und -saft sowie Salz und Pfeffer würzen. Zuletzt die Artischockenherzen in der Soße erwärmen und mit Zucker abschmecken.

Die Filetstücke in der Soße anrichten und mit Petersilie bestreut servieren.

Für 4 Personen.

Tipp: Servieren Sie dazu Reis und einen grünen Salat.

Regina Schlageter

Filet im Blätterteigmantel

Den Blätterteig ausrollen. Das Filet abspülen und trockentupfen, dann salzen und pfeffern.

Für die Füllung Pilze, Zwiebel, Petersilie und Tomaten klein schneiden und in heißem Fett andünsten. Mit Salz und Pfeffer würzen. Die Pilzmasse anschließend auf dem Blätterteig verteilen. Das Fleisch darauf legen und aufrollen. Im vorgeheizten Backofen bei 200 Grad etwa 40 Minuten garen.

Für 4 Personen.

Tipp: Geben Sie noch 50 g zerkleinerten Schafskäse zur Füllung. Zu diesem schnellen und feinen Gästeessen passt ein bunter Salatteller.

Susan Rauch

1 Packung Blätterteig
1 Schweinefilet à 500 g
Salz und Pfeffer

Für die Füllung:
200 g frische gemischte Pilze
1 Zwiebel
1 Bund frisch gehackte Petersilie
2 Tomaten
Fett zum Braten

Fleischklößchen

375 g Brät
4 Eier
5 EL Semmelbrösel

Für die Soße:
50 g Fett
70 g Mehl
500 ml Fleischbrühe
125 ml Sahne
1–2 Eigelb
1 Sardelle, gewiegt

In einer Schüssel Brät, Eier und Semmelbrösel gut vermischen und 15–20 Minuten durchziehen lassen. Mit einem Teelöffel Klößchen abstechen und etwa 5 Minuten in siedendem Salzwasser garen. Die Klößchen sind fertig, wenn sie an der Oberfläche schwimmen.

Aus Fett, Mehl, Fleischbrühe und Sahne eine helle Soße bereiten. Diese mit Eigelb legieren und mit der Sardelle würzen. Zuletzt die Klößchen einlegen und in der Soße kurz erwärmen.
Für 3–4 Personen.

Tipp: Servieren Sie dazu Reis.

Agnes Winkler

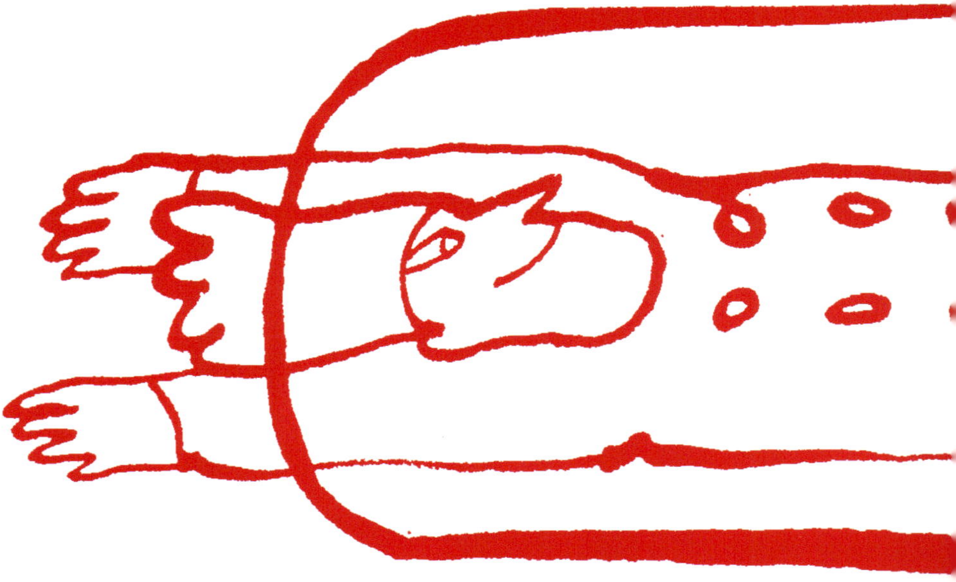

Münstertäler Chatzerolli

Die Paprikaschoten waschen und entkernen. Die Petersilie waschen und trockentupfen, die Zwiebel abziehen. Paprikaschoten, Petersilie, Zwiebel, Essiggurken und Champignons hacken. In einer Schüssel gut mit Brät, Eiern und Semmelbröseln verkneten. 30 Minuten durchziehen lassen.

Den Backofen auf 200 Grad vorheizen. Die Brätmasse in eine Auflaufform füllen und 70 Minuten im heißen Ofen backen. Dann weitere 10 Minuten im ausgeschalteten Ofen stehen lassen. Chatzerolli in der Form servieren.

Für 4 Personen.

Helga Bürsner

1 rote Paprikaschote
1 grüne Paprikaschote
1 Bund Petersilie
1 Zwiebel
3 mittelgroße Essiggurken
1 kleine Dose Champignons, abgetropft
500 g feines Brät
500 g grobes Brät
3 Eier
3 EL Semmelbrösel

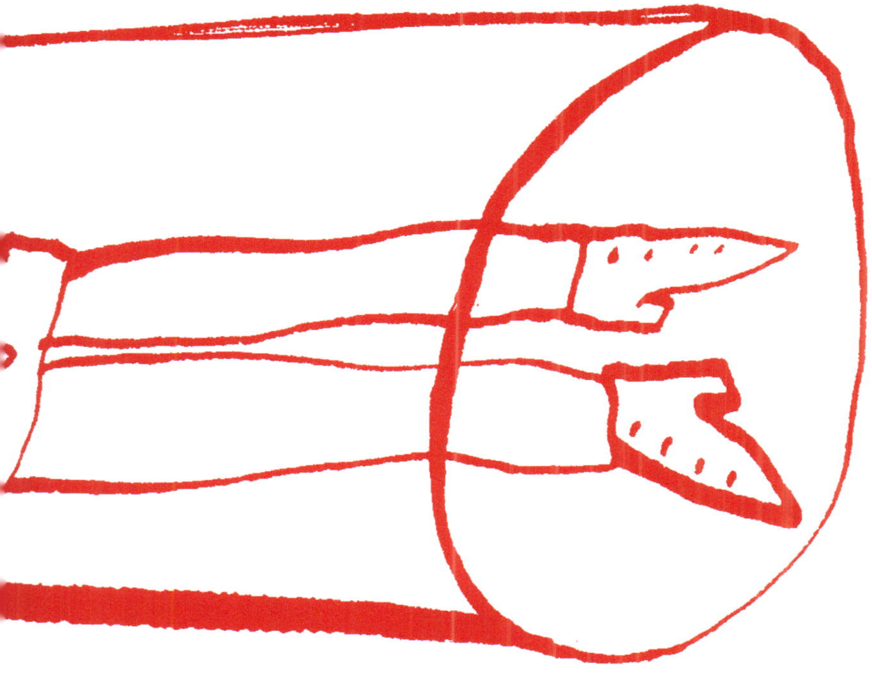

Bunter Gulascheintopf

3 EL Fett
1 Zwiebel, fein gehackt
1 Knoblauchzehe, fein gehackt
1 kg gemischtes Gulasch
Wasser
3–4 Karotten, in Scheiben
5–6 Kartoffeln, in Stücken
100 g grüne Bohnen, in Stücken
1 Gemüsebrühwürfel
Salz und Pfeffer
Prise Muskatnuss
1 Bund frisch gehackte Kräuter nach Saison

Das Fett in einem großen Topf erhitzen. Zwiebel und Knoblauch darin glasig dünsten. Das Gulasch zugeben und anbraten, dabei nicht zu dunkel werden lassen. Wasser angießen, bis das Fleisch bedeckt ist. Den Eintopf 40 Minuten köcheln lassen. Anschließend Gemüse und Gemüsebrühwürfel zufügen und weitere 30 Minuten kochen lassen. Bei Bedarf noch etwas Wasser nachgießen. Zuletzt mit Salz, Pfeffer und Muskatnuss abschmecken und mit Kräutern bestreut servieren.
Für 4 Personen.

Tipp: Die mitgekochten Gemüse lassen sich ganz nach Saison und Geschmack variieren.

Damaris Leser

Gebackene Maultaschen

12 gekochte Maultaschen
Fett zum Braten
4 Eier
Salz und Pfeffer

Die abgekühlten Maultaschen in dicke Scheiben schneiden. Das Fett in einer Pfanne erhitzen und die Maultaschen darin knusprig anbraten. Die Eier verquirlen, mit Salz und Pfeffer würzen und über die Maultaschen gießen. Stocken lassen und sofort servieren.
Für 4 Personen.

Tipp: Reichen Sie dazu einen frischen grünen Salat. Für dieses Gericht können Sie fertig gekaufte oder hausgemachte Maultaschen (siehe Seite 69) verwenden. Rechnen Sie pro Person drei Maultaschen und ein Ei.

Renate Schäfer

Geschmälzte Maultaschen

Hackfleisch, Spinat, Petersilie, Eier und Mineralwasser in einer Schüssel verkneten und mit den Gewürzen kräftig abschmecken. Den Nudelteig dünn ausrollen. Auf die eine Hälfte die Hackfleischmasse in Häufchen verteilen. Die Flächen dazwischen mit Eiweiß bestreichen. Die zweite Hälfte des Nudelteigs darüber klappen und Täschchen formen. Dabei die Ränder gut festdrücken. Die Täschchen ausrädeln oder ausschneiden.

Die Fleischbrühe erhitzen, die Maultaschen hineingeben und etwa 10 Minuten leise köcheln lassen. Die Maultaschen sind fertig, wenn sie an der Oberfläche schwimmen.

Inzwischen die Zwiebeln abziehen, halbieren, in Ringe schneiden und in heißer Butter goldbraun rösten. Die Fleischbrühe zuletzt mit Salz, Pfeffer und Muskatnuss abschmecken und mit Petersilie bestreuen. Die Maultaschen in Suppentellern mit etwas Brühe anrichten und die geschmälzten Zwiebeln darüber geben.

Für 4–6 Personen.

Tipp: Dazu gibt's Kartoffelsalat und einen grünen Salat. Fertigen Nudelteig erhalten Sie beim Bäcker oder im gut sortierten Supermarkt. Ein Rezept für selbst gemachten Nudelteig finden Sie auf Seite 39.

Renate Schäfer

Für die Maultaschen:
500 g gemischtes Hackfleisch
1 kg Spinat, blanchiert und gehackt
1 Bund frisch gehackte Petersilie
2 Eier
Schuss Mineralwasser
Salz und Pfeffer
Prise Muskatnuss
Prise Cayennepfeffer
750 g Nudelteig
1 Eiweiß, verquirlt

1 1/2–2 l Fleischbrühe
4 Zwiebeln, gehackt
40 g Butter
Salz und Pfeffer
frisch geriebene Muskatnuss
frisch gehackte Petersilie zum Bestreuen

Lammbraten nach Bauernart

1 kg magerer Lammbraten oder
1 Lammkeule
mittelscharfer Senf
500 ml Dickmilch oder Sauermilch
3 EL Fett
Salz und Pfeffer
1 EL Mehl, bei Bedarf
1/2 Bund frisch gehackte Petersilie

Den Lammbraten rundum mit Senf bestreichen, in eine Schüssel legen und mit Dickmilch begießen. Das Fleisch sollte bedeckt sein, eventuell noch etwas Dickmilch zugießen. Das Fleisch abdecken und 2 Tage im Kühlschrank marinieren lassen. Dabei einmal wenden.

Den Braten gut abtropfen lassen und in einer Kasserolle in heißem Fett von allen Seiten anbraten. Dabei darauf achten, dass noch anhängende Dickmilch nicht anbrennt. Zweimal mit etwas Wasser ablöschen, dann die Dickmilch angießen. Mit Salz und Pfeffer würzen. Den Deckel auflegen und den Braten etwa 1 1/4 Stunden schmoren lassen. Das Fleisch danach herausnehmen und warm stellen. Die Soße wenn nötig mit dem in wenig Wasser angerührten Mehl binden. Die Petersilie in die Soße geben, nochmals abschmecken und getrennt zum Lammbraten reichen.
Für 4 Personen.

Tipp: Dazu passen Spätzle oder hausgemachte Nudeln (siehe Seiten 38 und 39).

Dorothea Misiewicz

Königinpastetchen

1 gekochtes Huhn
40 g Butter
40 g Mehl
300 ml heiße Hühnerbrühe
100 ml Sahne
200 g Champignons, blättrig geschnitten
1 Tasse Tiefkühl-Erbsen
Salz und Pfeffer
Prise Muskatnuss
Schuss Weißwein

6 Blätterteigpastetchen

Das Huhn entbeinen und in kleine Würfel schneiden.

Aus Butter und Mehl eine helle Einbrenne bereiten. Wenn sie schaumig wird, mit der heißen Hühnerbrühe aufgießen. 5 Minuten kochen lassen, dabei gelegentlich umrühren. Jetzt Pilze und Erbsen zugeben und in der Soße bissfest garen. Die Sahne in die Soße rühren und diese mit Salz, Pfeffer, Muskatnuss und Wein abschmecken. Zuletzt das Hühnerfleisch zugeben und in der Soße erwärmen.

Die Pastetchen im Backofen anwärmen, mit dem heißen Ragout füllen und sofort servieren.

Für 6 Personen.

Tipp: Blätterteigpastetchen gibt's beim Bäcker. Das Ragout muss ziemlich dickflüssig sein.

Helga Kaiser

Hähnchengulasch

1 Hähnchen, küchenfertig
3 große Zwiebeln
2 Fleischtomaten
2 EL Öl
3 EL Paprikapulver
1 l Wasser
Salz und Pfeffer

Das Hähnchen kalt abspülen, trockentupfen und in acht Teile zerlegen. Die Zwiebeln fein hacken, die Tomaten würfeln.

Das Öl in einem Topf erhitzen und die Zwiebeln darin glasig dünsten. Dann die Tomaten zugeben und kurz anbraten. Jetzt die Hähnchenteile zufügen und einige Minuten mitbraten. Das Paprikapulver unterrühren und mit dem Wasser ablöschen. Das Gulasch so lange kochen, bis das Fleisch weich ist. Zuletzt mit Salz und Pfeffer abschmecken und servieren.

Für 4 Personen.

Tipp: Dazu gibt's Bandnudeln oder Grießklöße, die man direkt in der Gulaschsoße kocht. Die Soße ist dünnflüssig und wird mit dem Löffel gegessen.

Linda Sanchez Adell

Hähncheneintopf

3 Hähnchenbrustfilets
1 l Gemüsebrühe
Fett zum Braten
Salz
3 grüne Paprikaschoten
Prise Zucker
2–3 große Zwiebeln
1 Dose Mais, abgetropft
1 EL Butter
Prise Pfeffer
1 TL Tomatenmark

Die Hähnchenfilets kalt abspülen, trockentupfen und in der Gemüsebrühe garen. Dabei nicht kochen lassen, sonst werden sie zäh. Herausnehmen, abkühlen lassen, trockentupfen und in Würfel schneiden. Das Fett in einer Pfanne erhitzen und die Fleischwürfel darin knusprig anbraten. Salzen und beiseite stellen.

Die Paprikaschoten putzen, vierteln und in Streifen schneiden. Dann mit etwas Salz und Zucker in einem Topf gar dünsten. Die Zwiebeln abziehen, vierteln und in dicke Scheiben schneiden. In einer Pfanne kurz anbraten und zu den Paprika geben. Den Mais in Butter anbraten, etwas salzen und ebenfalls zu den Paprika geben. Zuletzt die Fleischwürfel unter das Gemüse mischen und den Hähncheneintopf mit Pfeffer und eventuell Tomatenmark abschmecken.
Für 4–6 Personen.

Antje Hohmuth

Hähnchenpfanne

1 Hähnchen, küchenfertig
1 kg Kartoffeln
2 Fleischtomaten
2 Zwiebeln
4 Knoblauchzehen
1 rote Paprikaschote
Salz und Pfeffer
250 ml Weißwein

Das Hähnchen kalt abspülen, trockentupfen und in acht Teile zerlegen. Die Kartoffeln waschen, schälen und vierteln. Die Tomaten waschen und in Achtel schneiden. Zwiebeln, Knoblauch und Paprikaschote putzen und grob zerkleinern.

Die Hähnchenteile auf ein Backblech legen. Kartoffeln, Tomaten, Zwiebeln, Knoblauch und Paprika zwischen dem Fleisch verteilen. Alles salzen und pfeffern und den Wein angießen. Die Hähnchenpfanne im vorgeheizten Backofen bei 200 Grad etwa 1 Stunde goldgelb backen.
Für 4 Personen.

Linda Sanchez Adell

Gefüllte Ente

1 Ente à 1 1/2 kg, küchenfertig
Salz und Pfeffer
1 EL getrocknetes Basilikum
1 EL getrockneter Thymian
1 altbackenes Brötchen
1 Apfel, gerieben
1 Ei
2 EL Rosinen
1 EL frisch gehackte Petersilie
2 Tassen heißes Wasser
125 ml Sahne
2–4 EL Zwetschgenwasser

Die Ente abspülen und trockentupfen, dann innen und außen mit Salz, Pfeffer, Basilikum und Thymian bestreuen. Die Leber reiben, Herz und Magen klein schneiden. Das Brötchen in etwas Wasser einweichen, ausdrücken und zerpflücken. Brötchen, Apfel, Ei, Rosinen und Petersilie vermischen, mit Salz würzen und die Ente damit füllen. Die Bauchöffnung mit Zahnstochern verschließen. Den Backofen auf 220 Grad vorheizen.

Die Ente in einen Bräter legen und mit dem Wasser übergießen. Im heißen Ofen etwa 1 1/2 Stunden garen. Dabei mehrmals mit dem Bratenfond begießen. Die fertige Ente aus dem Bräter nehmen und warm stellen.

Die Sahne in den Bratenfond rühren und mit Zwetschgenwasser abschmecken. Die Ente tranchieren und die Soße getrennt dazu reichen.
Für 4 Personen.

Tipp: Dazu gibt's in Butter gebratene und mit Johannisbeergelee gefüllte Apfelringe und Knöpfle (siehe Seite 37).

Hermine Strittmatter

Hirschbraten mit gefüllten Birnen

1 1/2 kg Hirschbraten ohne Knochen
Salz und Pfeffer
1 EL abgeriebene Zitronenschale
1 TL Wacholderbeeren
1 TL Pfefferkörner
1 TL Thymian
1/2 Tasse Olivenöl
1–2 Knoblauchzehen, zerdrückt
3 EL Pflanzenfett
400 g gemischtes Gemüse (Zwiebeln, Karotten, Petersilienwurzel, Sellerieknolle und Lauch), gewürfelt
2–3 EL Tomatenmark
500 ml Rotwein
500 ml Wildfond
1 Rosmarinzweig
1 Estragonzweig
2–3 EL Johannisbeergelee
2–3 EL Obstessig
100 ml Sahne

Für die Birnen:
4 Birnenhälften (Dose), abgetropft
4 EL Preiselbeeren (Glas)

Den Hirschbraten rundum kräftig mit Salz und Pfeffer würzen. Zitronenschale, Wacholderbeeren und Pfefferkörner in einem Mörser grob zerstoßen. In eine Schüssel umfüllen, den Thymian zugeben und mit Olivenöl auffüllen. Den Knoblauch zufügen und alles gut verrühren. Das Fleisch mit dieser Würzmischung bestreichen, dann abdecken und mindestens 2 Stunden im Kühlschrank durchziehen lassen.

Das Fett in einem Bräter erhitzen und das Fleisch darin rundum anbraten. Gemüse und Tomatenmark zufügen und ebenfalls kräftig anbraten. Mit Rotwein und Wildfond ablöschen. Zuletzt Rosmarin und Estragon in die Soße geben. Den Deckel auflegen und den Hirschbraten im vorgeheizten Backofen bei 180–200 Grad etwa 1 1/4 Stunden schmoren lassen. Danach das Fleisch herausnehmen und warm stellen. Die Soße durch ein Sieb passieren und kräftig einkochen lassen. Mit Johannisbeergelee und Obstessig abrunden und mit Sahne verfeinern.

Die Birnen mit Preiselbeeren füllen. Den Hirschbraten in Scheiben schneiden und mit den gefüllten Birnen anrichten. Die Soße getrennt dazu reichen.
Für 4 Personen.

Tipp: Servieren Sie zu diesem Braten Rotkraut und hausgemachte Spätzle (siehe Seite 38). Die gefüllten Birnen können Sie auch mit frischen Früchten zubereiten (siehe Rehrücken Baden-Baden, Seite 76).

Renate Schäfer

Gefüllte Rehkeule

Für die Füllung die Butter in einem Topf erhitzen. Schalotten und Pilze darin anbraten und dann weiterschmoren, bis die gesamte Flüssigkeit verdampft ist. Erkalten lassen. Das Weißbrot im Mixer zerkleinern. Die Hälfte der Pilzmasse, Kräuter, Sahne und Ei zugeben. Mit Salz und Pfeffer würzen und gut durchrühren.

Die Rehkeule entbeinen. Das Innere mit Liebstöckelsalz ausstreuen. Die Pilzfarce in die Keule füllen und gut mit der Hand festdrücken. Die Öffnungen mit Zahnstochern und Küchengarn verschließen. Die Keule mit Liebstöckelsalz, Wildgewürz und Pfeffer würzen. Das Butterschmalz in einem Bräter erhitzen und die Keule darin anbraten. Den Wildfond angießen, den Deckel auflegen und das Fleisch im vorgeheizten Backofen bei 190 Grad auf der unteren Einschubleiste etwa 1 1/4 Stunden garen. Die fertige Keule aus dem Bräter nehmen und in Alufolie wickeln.

Für die Soße die restliche Pilzmasse und den Wildfond in einem Topf mischen. Den Bratenfond von der Rehkeule und die Sahne zufügen. Aufkochen, mit Salz und Pfeffer würzen und mit der in etwas Wasser angerührten Speisestärke binden.

Für 6 Personen.

Tipp: Reichen Sie zu diesem delikaten Wildgericht Kartoffelklöße und Rosenkohl. Statt der frischen Champignons können Sie auch Wildpilze aus der Tiefkühltruhe oder Dose verwenden.

Renate Schäfer

Für die Füllung:
10 g Butter
2 Schalotten, fein gehackt
80 g Weißbrot, entrindet
150 g Champignons, blättrig geschnitten
15 g frisch gehackte Kräuter
30 ml Sahne
1 Ei
Salz und Pfeffer

1 Rehkeule à 2 kg
20 g Butterschmalz
Liebstöckelsalz
Wildgewürz
frisch gemahlener Pfeffer
4 EL Butterschmalz
100 ml Wildfond

Für die Soße:
200 ml Wildfond
100 ml Sahne
Salz und Pfeffer
1 EL Speisestärke

Rehrücken Baden-Baden

1 Rehrücken à 1 1/4 kg, küchenfertig
10 Wacholderbeeren, zerdrückt
2 Zweige Thymian, abgezupft
Salz und Pfeffer
150 g Schinkenspeck, in Scheiben
400 ml Wildfond
250 ml Rotwein
3 EL Crème fraîche
1–2 EL Preiselbeeren
2–3 EL Speisestärke

Für die Birnen:
2 Birnen
250 g Zucker
250 ml Wasser
4 EL Preiselbeeren (Glas)

Für die Pilzbeilage:
2 Gläser Pfifferlinge (à 230 g), abgetropft
30 g Butter
2 Zweige Majoran, gehackt

Den Rehrücken waschen, trockentupfen und von eventuell vorhandenen Sehnen befreien. Das Fleisch am Rückgrat entlang auf jeder Seite einschneiden. Wacholderbeeren und Thymianblättchen mischen und in die Fleischeinschnitte streuen. Zusammendrücken, salzen und pfeffern. Den Backofen auf 200 Grad vorheizen. Den Rehrücken dicht mit Schinkenspeck belegen, in die Fettpfanne setzen und im heißen Backofen 30 Minuten braten. Dabei nach und nach Wildfond und Wein angießen und das Fleisch mehrmals mit dem Bratenfond beschöpfen.

In der Zwischenzeit die Birnen schälen, halbieren und das Kerngehäuse entfernen. Wasser und Zucker in einem Topf aufkochen und die Birnen etwa 10 Minuten darin dünsten. Herausnehmen, abtropfen und abkühlen lassen. Dann jede Birne mit 1 Esslöffel Preiselbeeren füllen.

Den Speck vom Rehrücken abnehmen, das Fleisch mit Bratenfond begießen und nochmals etwa 15 Minuten braten. Den Braten herausnehmen, in Alufolie einschlagen und im ausgeschalteten Backofen 10 Minuten ruhen lassen.

Für die Soße den Bratenfond in einen Topf umfüllen und aufkochen. Crème fraîche und Preiselbeeren unterrühren. Die Soße mit der in etwas Wasser angerührten Speisestärke binden, dann abschmecken. Die Pfifferlinge im heißen Fett 3–4 Minuten braten. Mit Salz und Pfeffer würzen und den Majoran untermischen. Die Rückenfilets vom Knochen ablösen und in Scheiben schneiden. Wieder auf dem Knochen anrichten. Gefüllte Birnen und Pilze um den Rehrücken verteilen. Die Soße getrennt dazu servieren.
Für 4 Personen.

Tipp: Wild muss – wegen eventuell vorhandener Keime – immer ganz durchgebraten werden. Zur Garprobe ein Holzstäbchen in die dickste Stelle stechen. Tritt klarer Saft aus, ist das Fleisch durch.

Dagmar Kramer

Saure Rehleber

Die Rehleber enthäuten, in feine Streifen schneiden, waschen und trockentupfen. Das Butterschmalz in einem Topf erhitzen und die Leber darin anbraten. Mit Salz, Pfeffer und Majoran würzen, dann herausnehmen und beiseite stellen.

Die Frühlingszwiebeln im verbliebenen Bratfett glasig dünsten. Die Pilze zugeben und kurz mitdünsten. Das Tomatenmark einrühren. Mit Mehl bestäuben, mit Rotwein ablöschen und mit Gemüsebrühe auffüllen. Alles bei mäßiger Hitze 6–8 Minuten köcheln lassen. Die Soße zuletzt mit Obstessig und Johannisbeergelee abschmecken und die Sahne einrühren. Die Leberstreifen in die Soße geben und darin erwärmen. Nochmals abschmecken und die Kräuter unterziehen.

Für 4 Personen.

Tipp: Dazu passen Rösti.

Dagmar Kramer

500 g Rehleber
3 EL Butterschmalz
Salz und Pfeffer
1 EL Majoran
1 Bund Frühlingszwiebeln, in Ringen
200 g Champignons, blätttrig geschnitten
Saft von 1 Zitrone
2 EL Tomatenmark
2–3 EL Mehl
250 ml Rotwein
250 ml Gemüsebrühe
3 EL Obstessig
2 EL Johannisbeergelee
200 ml Sahne
1/2 Bund Petersilie, gehackt
1/2 Bund Schnittlauch, gehackt

Geschmorte Rehschulter

1 große oder 2 kleine Rehschultern
Salz und Pfeffer
Fett zum Braten
200 g Suppengrün, gewürfelt
1 EL Tomatenmark
500 ml Rotwein (Spätburgunder)
500 ml Fleischbrühe
3 Lorbeerblätter
4 Gewürznelken
10 Wacholderbeeren
5 Stängel Petersilie

Den Backofen auf 200 Grad vorheizen. Die Rehschulter kalt abwaschen und trockentupfen. Dann mit Salz und Pfeffer würzen.

Etwas Fett in einem Bräter erhitzen und das Fleisch darin anbraten. Den Bräter in den heißen Ofen schieben und die Rehschulter unter gelegentlichem Wenden schmoren. Wenn das Fleisch gut gebräunt ist, das Suppengrün um den Braten verteilen. Nach 20 Minuten das Tomatenmark einrühren und nochmals gut Farbe nehmen lassen. Anschließend mit Rotwein ablöschen und reduzieren lassen, bis keine Flüssigkeit mehr vorhanden ist. Jetzt die Fleischbrühe angießen und die Gewürze zugeben. Das Fleisch fertig garen, dann herausnehmen und warm stellen.

Den Bratenfond durch ein Sieb in einen Topf gießen und auf etwa 500 ml einkochen lassen. Zuletzt mit Salz und Pfeffer abschmecken. Die Soße getrennt zur Rehschulter reichen.

Für 4–6 Personen.

Tipp: Reichen Sie dazu in Butter angeröstete Bubenspitzle (siehe Seite 36).

Dagmar Kramer

Zum Sattwerde

Gemüsegerichte

Aufläufe

Eintöpfe

Bäckerofen

500 g Schweinefleisch (Bäckle)
500 g Rindfleisch (Hüfte)
5 große Kartoffeln
3 große Zwiebeln
Salz und Pfeffer
etwa 250 ml trockener Weißwein

Das Fleisch in Würfel schneiden. Die Kartoffeln waschen, schälen und in Scheiben schneiden. Die Zwiebeln abziehen und ebenfalls in Scheiben schneiden.

Eine Auflaufform mit etwas Butter ausstreichen. Ein Drittel der Kartoffeln einfüllen und mit Salz und Pfeffer würzen. Anschließend die Hälfte vom Fleisch einschichten und darauf die Hälfte der Zwiebeln verteilen. Diesen Vorgang nochmals wiederholen. Mit dem restlichen Drittel Kartoffeln und den Gewürzen abschließen.

Zuletzt den Weißwein angießen, bis die Form etwa zur Hälfte gefüllt ist. Den Bäckerofen im vorgeheizten Backofen bei 220 Grad etwa 1 Stunde garen.
Für 4–6 Personen.

Waltraud Hermann

Bauernfrühstück

250 g Schwarzwälder Speck
1 Zwiebel
80 g Butter
1 kg Pellkartoffeln, am Vortag gekocht
Salz und Pfeffer
4 Eier, verquirlt
1/2 Bund frisch gehackte Petersilie
2 Bund frisch gehackter Schnittlauch

Speck und Zwiebel fein würfeln und in der heißen Butter anbraten. Die Kartoffeln schälen und in dünne Scheiben schneiden. Zur Speck-Zwiebel-Mischung geben und gut durchbraten. Mit Salz und Pfeffer würzen. Zuletzt die Eier unterrühren und stocken lassen. Mit den Kräutern bestreuen und sofort servieren.
Für 4 Personen.

Tipp: Dazu passt ein frischer grüner Salat.

Hermine Strittmatter

Kartoffelschnitz und Spätzle

Die Suppenknochen waschen und in einen Kochtopf geben. Zwiebel, Suppengrün, Lorbeerblatt, Liebstöckel und andere Gewürze zufügen, das Wasser angießen und langsam zum Kochen bringen. Sobald das Wasser kocht, das Suppenfleisch zugeben und alles etwa 2 Stunden leise köcheln lassen. Dabei mehrmals den Schaum abschöpfen.

Inzwischen die Kartoffeln waschen, schälen und in Schnitze schneiden. Für die Spätzle alle Zutaten miteinander verrühren und Spätzle bereiten (siehe Seite 38).

Das Rindfleisch aus der Brühe nehmen, die Kartoffelschnitze hineingeben und weich kochen. Das Fleisch in Würfel schneiden und wieder zufügen, sobald die Kartoffeln gar sind. Die fertigen Spätzle ebenfalls in die Suppe geben. Zuletzt die Zwiebeln abziehen, halbieren und in Ringe schneiden. In heißer Butter abschmelzen und über den Eintopf geben. Reichlich mit Kräutern bestreuen und sofort servieren.

Für 4–6 Personen.

Tipp: Dazu gibt's einen grünen Salat.

Renate Schäfer

Für die Fleischbrühe:
250 g Suppenknochen
1 Zwiebel
1 Bund Suppengrün, zerkleinert
1 Lorbeerblatt
1 Zweig Liebstöckel
Salz und Pfeffer
Prise Muskatnuss
2 l Wasser
1 kg Suppenfleisch
750 g Kartoffeln
3 Zwiebeln
30 g Butter
frisch gehackte Petersilie
frisch gehackter Schnittlauch
frisch gehackter Liebstöckel

Für die Spätzle:
300 g Mehl
3 Eier
Salz
kaltes Wasser

Kartoffel-Käse-Auflauf

1 kg Kartoffeln
200 g durchwachsener Schinkenspeck oder roher Schinken
150 g Emmentaler
50 g Butter
500 ml Sahne
Salz und Pfeffer
Prise Muskatnuss

Die Kartoffeln waschen, schälen und in feine Scheiben hobeln. Den Schinkenspeck fein würfeln, den Käse reiben. Eine flache feuerfeste Form mit etwas Butter ausstreichen.

Die Hälfte der Kartoffelscheiben in die Form schichten, salzen und pfeffern. Mit der Hälfte der Schinkenwürfel bestreuen. Darauf die Hälfte der Käseraspel geben. Diesen Vorgang nochmals wiederholen.

Sahne mit Salz, Pfeffer und Muskatnuss würzen und über den Auflauf gießen. Diesen zuletzt mit Butterflöckchen belegen und im vorgeheizten Backofen bei 200 Grad etwa 1 Stunde garen.
Für 4 Personen.

Tipp: Servieren Sie zu diesem Auflauf einen grünen Salat.

Hildegard Eckerle

Käseauflauf

6 altbackene Brötchen
500 ml heiße Milch
30 g Butter
150 g geräucherter Speck, gewürfelt
2 Zwiebeln, gehackt
3 Eier
1 Bund frisch gehackte Petersilie
150 g Emmentaler, gerieben
Salz und Pfeffer
Prise Muskatnuss

Die Brötchen in dünne Scheiben schneiden und mit heißer Milch begießen. 10 Minuten quellen lassen.

In der Zwischenzeit die Butter in einer Pfanne erhitzen und die Speck- und Zwiebelwürfel darin glasig dünsten. Dann lauwarm abkühlen lassen. Die Eier trennen. Petersilie, Käse und Eigelb unter die Speck-Zwiebel-Masse mischen. Anschließend die Brötchenscheiben einarbeiten. Die Masse mit Salz, Pfeffer und Muskatnuss würzen. Das Eiweiß zu steifem Schnee schlagen und vorsichtig unterheben. Die Brötchenmasse in eine gefettete Auflaufform füllen und im vorgeheizten Backofen bei 190 Grad 45–50 Minuten backen.
Für 4 Personen.

Anna Burger

Schales

Die Kartoffeln waschen, schälen und reiben. Anschließend in ein Sieb geben und über einer Schüssel abtropfen lassen. Das aufgefangene Wasser abschütten, die verbleibende Kartoffelstärke wieder zur rohen Kartoffelmasse geben. Diese mit Ei, Schinkenspeck und Gewürzen gut vermischen.

Die Kartoffelmasse in einer gut gefetteten feuerfesten Form verteilen. Die Oberfläche glatt streichen mit Butterflöckchen belegen. Im vorgeheizten Backofen bei 175 Grad (Umluft) 1 Stunde garen. Den Auflauf danach aus dem Ofen nehmen und kräftig durchmischen. Die Oberfläche wieder glatt streichen und erneut Butterflöckchen darauf verteilen. Den Auflauf für 1 weitere Stunde im Backofen garen.
Für 4 Personen.

1–1 1/2 kg Kartoffeln
1 Zwiebel
1 Ei
250 g magerer Schinkenspeck, gewürfelt
1 TL getrockneter Majoran
Salz und Pfeffer
Prise Muskatnuss
Butterflöckchen

Tipp: Dazu reicht man frischen Endivien-, Feld- oder Kopfsalat. Salzen Sie die Kartoffelmasse vorsichtig, da Schinkenspeck in der Regel sehr salzig ist.

Friederike Finster-Müller

Badischer Kohlrabitopf

8–10 mittelgroße Kohlrabi
1 Zwiebel
40 g Butter
1 EL Mehl
Salz und Pfeffer
Prise Muskatnuss
125 ml Weißwein
750 ml Fleischbrühe
4 Brühwürste
4 Bratwürste
1/2 Dose Pfifferlinge, abgetropft
1 Bund Petersilie, gehackt

Die Kohlrabi schälen und in Stifte schneiden. Das Kohlrabigrün waschen und fein hacken. Die Zwiebel abziehen und ebenfalls fein hacken.

Die Butter in einem Topf schmelzen und die Zwiebel darin glasig dünsten. Die Kohlrabistifte zufügen, mit Mehl bestäuben und gut verrühren. Mit Salz, Pfeffer und Muskatnuss würzen. Anschließend Wein und Brühe angießen. Den Deckel auflegen und bei kleiner Hitze etwa 15 Minuten garen.

In der Zwischenzeit die Würste in Scheiben schneiden. Kohlrabigrün, Wurstscheiben und Pfifferlinge unter das Gemüse heben. Den Kohlrabitopf danach offen 15 Minuten ziehen lassen. Vor dem Servieren mit Petersilie bestreuen.

Für 4 Personen.

M. Eckerle

Speckrosenkohl

150 g geräucherter Speck, gewürfelt
1 Zwiebel, gehackt
1 EL Fett
1 kg Rosenkohl
1 1/2 l Wasser
1 Lorbeerblatt
2–3 Wacholderbeeren
500 g Kartoffeln, geschält und gewürfelt
250 g Kalbsbrät
Salz und Pfeffer
Prise Muskatnuss
1/2 Bund frisch gehackte Petersilie

Speck und Zwiebel in einem großen Topf in heißem Fett anbraten. Den Rosenkohl zugeben und kurz mitdünsten. Dann das Wasser angießen und zum Kochen bringen. Lorbeerblatt und Wacholderbeeren zufügen, die Hitze reduzieren und 5 Minuten köcheln lassen. Die Kartoffeln hineingeben und weitere 10 Minuten köcheln lassen.

Anschließend mit einem Teelöffel vom Kalbsbrät kleine Klößchen abstechen und in den heißen Eintopf einlegen. Die Brätklößchen durchgaren lassen. Den Speckrosenkohl zuletzt mit den Gewürzen abschmecken, mit Petersilie bestreuen und servieren.

Für 4 Personen.

Tipp: Ein feiner Wintereintopf.

Damaris Leser

Spargel Freiburger Art

Den Spargel schälen, dabei die holzigen Enden entfernen. Die Spargelstangen bündeln und in reichlich kochendes Salzwasser mit etwas Zucker geben. Je nach Dicke etwa 15–30 Minuten garen. Sie müssen sich mühelos mit einer Gabel durchstechen lassen, dürfen aber nicht zerfallen. Anschließend vorsichtig herausnehmen und abtropfen lassen. Mit dem Schinken auf einer Platte anrichten.

Aus Butter, Mehl und Spargelwasser eine helle Soße bereiten. Mit Eigelb und Sahne legieren, mit Zitronensaft, Salz und Pfeffer würzen. Die Soße getrennt zum Spargel reichen.

Für 3–4 Personen.

1–1 1/2 kg Spargel
Prise Zucker
150 g roher Schinken
150 g gekochter Schinken

Für die Soße:
30 g Butter
2 EL Mehl
375 ml Spargelwasser
1–2 Eigelb
Sahne
Zitronensaft
Salz und Pfeffer

Tipp: Dazu gibt's Salzkartoffeln oder Kratzete (siehe Seite 40).

Edeltraud Winkler

Schwetzinger Spargelauflauf

Sahne, Crème fraîche und Frischkäse verrühren. Spargel und Schinken unterheben und die Masse mit Salz und Pfeffer würzen. In eine gebutterte Auflaufform füllen, mit Semmelbröseln bestreuen und mit einigen Butterflöckchen belegen. Den Spargelauflauf im vorgeheizten Backofen bei 180 Grad 20 Minuten backen.

Für 4 Personen.

100 ml Sahne
100 g Crème fraîche
100 g Frischkäse
1 kg gekochter Spargel, in Stücken
200 g gekochter Schinken, gewürfelt
Salz und Pfeffer
Semmelbrösel
Butterflöckchen

Tipp: Dazu passen neue Kartoffeln.

Trudel Möller

Weiße Rüben

1 1/2 kg weiße Rüben
2 EL Schweineschmalz
1 Zwiebel, gehackt
1 EL Zucker
500 g Pökelfleisch
Salz

Die Rüben großzügig schälen, dann grob hobeln oder in Stifte schneiden.

In einem Topf das Schmalz erhitzen und die Zwiebel darin glasig dünsten. Mit dem Zucker bestreuen und weiterdämpfen, bis dieser karamellisiert. Jetzt die Rüben zugeben und mit Wasser ablöschen. Das Pökelfleisch auf das Gemüse legen und weich kochen. Anschließend herausnehmen und das Rübengemüse mit Salz abschmecken. Das Fleisch in Scheiben schneiden und zu den weißen Rüben servieren. *Für 4 Personen.*

Tipp: Dazu gibt's Salzkartoffeln.

Else Rohr

Grießschnitten

1 l Milch
Prise Salz
250 g Grieß
3 Eier
2–3 EL Milch, zusätzlich
Fett zum Braten

Aus Milch, Salz und Grieß einen dicken Grießbrei kochen. Ein Ei unterrühren und die Masse auf eine kalt abgespülte Platte oder ein Brett gießen. Mit dem angefeuchteten Nudelholz fingerdick ausrollen, dann kalt stellen und vollständig auskühlen lassen. Anschließend in Stücke schneiden. Die restlichen Eier mit der zusätzlichen Milch verquirlen und die Grießschnitten darin wenden. In heißem Fett von beiden Seiten goldgelb ausbacken.
Für 4 Personen.

Tipp: Die Grießschnitten reicht man mit Salat als pikantes Hauptgericht. Mit Zucker und Zimt bestreut und begleitet von Kompott werden sie als Süßspeise oder Dessert verzehrt.

Susanne Imm

Gefüllte Zwiebeln

8 große Zwiebeln
200 g Rinderhack
100 g Schinken, gehackt
frisch gehackte Petersilie
Salz und Pfeffer
5 EL Semmelbrösel
5 EL geriebener Käse
Butterflöckchen
250 ml Weißwein
250 ml Fleischbrühe

Die Zwiebeln abziehen und in Salzwasser 20 Minuten kochen. Herausnehmen und mit einem Apfelausstecher vorsichtig bis auf die drei äußeren Schichten aushöhlen.

Rinderhack, Schinken, Petersilie, Salz und Pfeffer vermengen. Die Zwiebeln mit der Fleischmasse füllen und in eine gefettete Auflaufform setzen. Semmelbrösel und Käse mischen und über die Zwiebeln streuen, dann mit Butterflöckchen belegen. Wein und Fleischbrühe angießen, einen Deckel auflegen und die Zwiebeln im vorgeheizten Backofen bei 200 Grad 10 Minuten schmoren lassen. Den Deckel abnehmen und weitere 10 Minuten garen.
Für 4 Personen.

Tipp: Dazu schmecken Salzkartoffeln oder Bauernbrot.

Petra Mercatoris

Studentenfutter

5 altbackene Brötchen
etwa 250 ml Milch
4–5 Eier
Fett zum Backen

Die Brötchen in feine Scheiben schneiden und mit der Milch übergießen. Die Eier verquirlen, über die Brötchenmasse gießen und gut vermischen. Das Fett in einer Pfanne erhitzen und die Brötchenmasse darin unter ständigem Rühren goldbraun ausbacken.
Für 4 Personen.

Tipp: Mit frischem grünen Salat oder mit Zucker und Zimt bestreut zu Kompott reichen.

Susanne Imm

Peterleskartoffeln

1 1/2 kg Kartoffeln
125 g Butter
4 EL Mehl
250 ml Fleischbrühe
100 ml Sahne
Milch nach Bedarf
Salz und Pfeffer
1–2 Bund frisch gehackte Petersilie

Die Kartoffeln waschen, schälen, in dickere Scheiben schneiden und in Salzwasser halbweich kochen. Dann abgießen.

In der Zwischenzeit aus Butter, Mehl und Fleischbrühe eine Einbrenne bereiten und diese gut durchkochen lassen. Anschließend Sahne, Milch, Salz, Pfeffer und Petersilie in die Soße rühren. Die Kartoffeln zugeben und in der Petersiliensoße fertig garen.
Für 4 Personen.

Tipp: Wer auf Fleisch nicht verzichten will, serviert dazu heiße Fleischwurst.

Petra Mercatoris

Rahmkartoffeln

Die Kartoffeln waschen, schälen und in dünne Scheiben schneiden. Aus Butter, Mehl und Wasser eine helle Einbrenne bereiten, salzen und aufkochen lassen. Dann die Kartoffelscheiben zugeben und langsam weich dämpfen. Zuletzt den Sauerrahm unterziehen und mit Petersilie bestreuen.
Für 2 Personen.

500–750 g Kartoffeln
50 g Butter
3 EL Mehl
1 Tasse Wasser oder Milch
1/2 EL Salz
2 EL Sauerrahm
1/2 EL frisch gehackte Petersilie

Tipp: Dazu schmecken heiße Fleischwurst oder Wienerle.

Ruth Zimmermann

Saure Schlappe

Die Kartoffeln waschen, schälen und in Scheiben schneiden. Die Fleischbrühe in einem Topf erhitzen. Gewürze, Essig und Kartoffelscheiben hineingeben und die Kartoffeln weich kochen.

Aus Butter und Mehl eine hellbraune Einbrenne herstellen und das Kartoffelgemüse damit binden. Zuletzt nochmals mit Essig abschmecken und servieren.
Für 2–3 Personen.

750 g Kartoffeln
1 1/2 l Fleischbrühe
1 Gewürznelke
1 Lorbeerblatt
Salz
Schuss Weinessig
50 g Butter
40 g Mehl

Tipp: Dazu schmeckt Griebenwurst.

Trudel Möller

Suuri Grumbiere (Saure Kartoffelblättchen)

1 kg Kartoffeln
50 g Speck, gewürfelt
1 kleine Zwiebel, gehackt
2 EL Mehl
750 ml Wasser
125 ml Essig
1 Msp. gemahlene Gewürznelken
10 g Salz
50 g Zucker

Die Kartoffeln waschen und in der Schale weich kochen. Dann auskühlen lassen, pellen und in Scheiben schneiden.

Speck und Zwiebel in einem Topf goldbraun braten. Anschließend mit Mehl bestäuben und anschwitzen lassen. Das Wasser angießen und unter Rühren zum Kochen bringen. Köcheln lassen, bis die Soße sämig ist. Die Soße mit Essig, Gewürznelken, Salz und Zucker abschmecken. Zuletzt die Kartoffelscheiben hineingeben und nochmals kurz durchziehen lassen.
Für 4 Personen.

Liesel Kaiser

Südbadischer Kartoffeleierkuchen

100 g Kartoffeln
100 g Fett
2–3 Eier
4 EL geriebener Käse
250 ml Milch
Salz
1 Bund frisch gehackte Petersilie

Die Kartoffeln waschen, schälen und in Scheiben schneiden. In einer Pfanne das Fett erhitzen. Die Kartoffeln hineingeben, im Fett wenden und abgedeckt garen. Die Eier verquirlen. Käse, Milch, Salz und Petersilie zufügen und über die Kartoffeln gießen. Diese abgedeckt bei geringer Hitze noch 8–10 Minuten weiter schmoren lassen. Die Pfanne schütteln und den Kartoffeleierkuchen auf eine vorgewärmte Platte stürzen.
Für 1 Person.

Edeltraud Winkler

»Verheierte«

Die Kartoffeln schälen, würfeln und in der Fleischbrühe weich kochen.

In der Zwischenzeit aus den angegebenen Zutaten einen geschmeidigen Spätzleteig herstellen. Den Teig portionsweise durch die Spätzlepresse in die kochende Kartoffelbrühe drücken. (Die Spätzle dürfen nicht zu lang sein.) Zuletzt die Zwiebeln in heißer Butter bräunen und über die »Verheierten« geben.

Für 4 Personen.

Tipp: Dazu reicht man Wienerle.

Trudel Möller

500 g Kartoffeln
1 1/2 l Fleischbrühe

1 Zwiebel, gehackt
30 g Butter

Für die Spätzle:
3 Eier
350 g Mehl
150 ml kaltes Wasser
Salz
Prise Muskatnuss

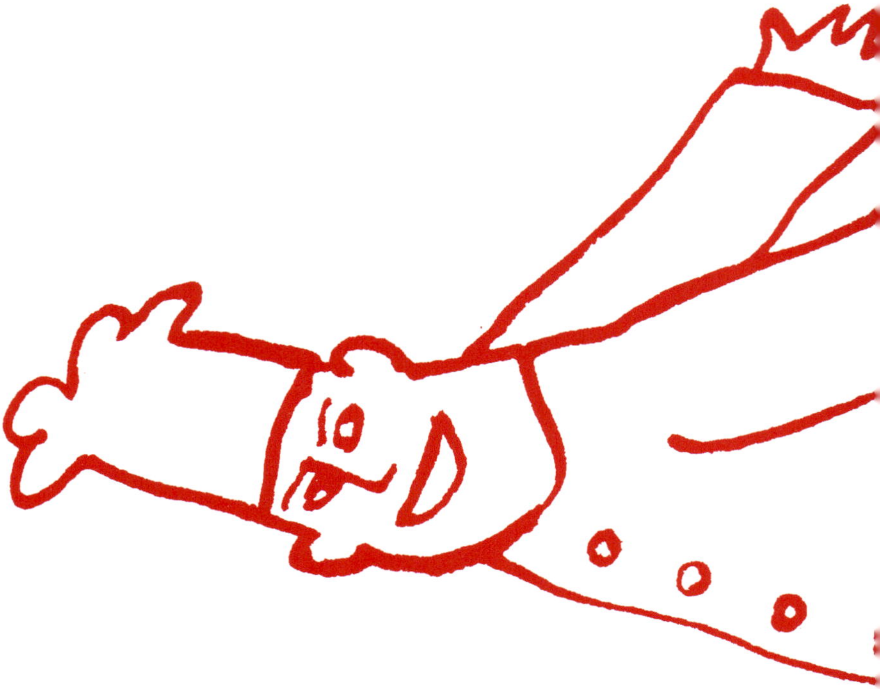

Käsespätzle

1 Rezept Spätzle (siehe Seite 38)
250 g Emmentaler, gerieben
3 Zwiebeln, in Ringen
Butter zum Braten

Die Spätzle wie auf Seite 38 beschrieben zubereiten. Die einzelnen Spätzleportionen jedoch nicht kalt abspülen, sondern in eine vorgewärmte Auflaufform geben. Mit Käse bestreuen und warm stellen. Diesen Vorgang wiederholen, bis der gesamte Teig aufgebraucht ist. Dann 15 Minuten bei 150 Grad im Backofen überbacken.

Zuletzt die Zwiebelringe in heißer Butter goldbraun braten, auf den Käsespätzle verteilen und sofort servieren.
Für 4 Personen.

Tipp: Dazu schmeckt ein frischer grüner Salat.

Marianne Wiesler

Birnenklöße

Die Zutaten zu einem dickflüssigen Teig verrühren. Mit einem Löffel Klöße abstechen und in kochendes Wasser einlegen. Offen köcheln lassen, bis sie oben schwimmen.

Die Birnen schälen und in Stücke schneiden. In einem Topf mit Wasser bedecken, Zimtstange, Zitronenschale und Zucker zufügen und weich dünsten. Mit dem in Milch angerührten Mehl binden. Die Birnen mit einem Schuss Rum verfeinern und zu den Klößen servieren.

Für 3–4 Personen.

Anna Burger

300 g Mehl
375 ml Milch oder Wasser
2 Eier
Salz
Prise Zucker
2 Msp. Backpulver

Für die Birnen:
1 kg Birnen
1 Zimtstange
Schale von 1 Zitrone
Zucker nach Geschmack
Milch
1–2 EL Mehl
etwas Rum

»Himmel und Erde«

Für die Bratkartoffeln:
1 kg Kartoffeln
Schweineschmalz zum Braten
1 Zwiebel, fein gehackt
Salz

Für das Apfelmus:
8–10 säuerliche Äpfel (Boskop)
Prise Zucker
2 EL Mehl
1 große Scheibe Brot, gewürfelt
Butter zum Braten

Für die Bratkartoffeln (badisch »Brägele«) die Kartoffeln waschen und in der Schale weich kochen. Handwarm abkühlen lassen, dann schälen und durch den Rohkosthobel drücken. Das Schmalz in einer Pfanne erhitzen und die Zwiebel darin andünsten. Die Kartoffelstifte zugeben, salzen und goldbraun rösten. Zum Schluss mit einem Suppenteller abdecken und eine Kruste bilden lassen. Zum Servieren Teller und Pfanne umdrehen, die Pfanne abheben und die Brägele auf dem Teller zu Tisch bringen.

Für das Apfelmus (badisch »Öpfelbabbe«) die Äpfel schälen, vierteln, das Kerngehäuse entfernen und in einem Kochtopf in etwas Wasser dünsten, bis sie zerfallen. Das Mus leicht süßen und mit dem in wenig Wasser angerührten Mehl binden. Die Brotwürfel (badisch »Kracherle«) in heißer Butter knusprig anrösten und über das Apfelmus streuen. Sofort mit den »Brägele« servieren.
Für 4 Personen.

Info: Bei diesem traditionellen Bauerngericht steht »Himmel« stellvertretend für Äpfel und »Erde« für Kartoffeln.

Irma Müller

Frische Pfifferlinge mit Kräuterpfannküchle

Die Pilze sorgfältig säubern und auf Küchenpapier legen. Die Butter in einem Topf erhitzen und die Schalotten darin andünsten. Den Schinkenspeck zufügen und anrösten. Sahne und Brühe angießen und die Pilze zugeben. Die Thymianblättchen zum Ragout geben und mit Salz und Pfeffer würzen. Den Deckel auflegen und die Pfifferlinge 15–20 Minuten garen. Anschließend bei Bedarf mit Crème fraîche binden.

Für die Kräuterpfannküchle alle Zutaten zu einem glatten Teig verrühren und in heißem Fett vier kleine Pfannküchle ausbacken. Die Pfifferlinge mit Petersilie bestreuen und zu den Pfannkuchen servieren.
Für 4 Personen.

Antje Hohmuth

Für das Pilzragout:
600 g frische Pfifferlinge
1 EL Butter
1–2 Schalotten, in feinen Streifen
4 dünne Scheiben Schinkenspeck, in feinen Streifen
200 ml Sahne
etwas Brühe
6 Zweige Thymian, abgezupft
Salz und weißer Pfeffer
1–2 EL Crème fraîche
1 Bund frisch gehackte Petersilie

Für die Kräuterpfannküchle:
6 Eier
etwas Milch
150 g Mehl
1 Bund frisch gehackter Schnittlauch
Prise Muskatnuss
Fett zum Braten

Badisches Weinsauerkraut

1 Zwiebel, gehackt
3 EL Schweine- oder Butterschmalz
1 kg Sauerkraut
250 ml Weißherbst
8 Wacholderbeeren
1 EL Honig
1 säuerlicher Apfel, in Scheiben

Die Zwiebel im heißen Schmalz glasig dünsten. Das Sauerkraut zugeben und kurz andünsten. Dann den Weißherbst angießen, Wacholderbeeren, Honig und Apfelscheiben zufügen. 30–40 Minuten gar dünsten.
Für 4 Personen.

Tipp: Dazu gibt's traditionell Schupfnudeln (siehe Seite 36). Wer mag, kann zusammen mit der Zwiebel noch Schinkenspeck anbraten.

Liesel Kaiser

Schwarzwälder Sauerkrautschüssel

einige getrocknete Birnenschnitze
3 EL Fett
750 g Sauerkraut
250 ml Fleischbrühe
Prise Zucker, nach Wunsch

Die Birnenschnitze in etwas Wasser einweichen. Das Fett in einem Topf erhitzen und das aufgelockerte Kraut darin andünsten. Birnenschnitze zugeben, etwas Brühe angießen und 30–40 Minuten garen. Nach Wunsch mit Zucker abschmecken.
Für 3–4 Personen.

Tipp: Statt Fleischbrühe kann man auch Weißwein oder Sauerrahm angießen.

Agnes Winkler

E bissle was Süßes
Desserts
Süßspeisen

Apfelschaum

2–3 große Äpfel
200 ml Sahne
1 EL Zucker
Prise Vanillezucker

Die Äpfel reiben, die Sahne mit Zucker und Vanillezucker steif schlagen. Die Apfelmasse unter die Schlagsahne heben und den Apfelschaum bis zum Servieren kalt stellen.
Für 4 Personen.

Ruth Zimmermann

Bananenflipp

3 Bananen
100 g Schokolade
200 ml Sahne

Die Bananen fein zerdrücken, die Schokolade schmelzen und die Sahne steif schlagen. Zuletzt Schokolade und Schlagsahne unter das Bananenmus heben. Den Bananenflipp vor dem Servieren 2–3 Stunden kalt stellen.
Für 4 Personen.

Ruth Zimmermann

Eis mit Schuss

3 EL Rosinen
Rum zum Einweichen
2 Eigelb
4 EL Zucker
2 Päckchen Vanillezucker
3 EL Schokoraspel
250 ml Sahne

Die Rosinen über Nacht im Rum einweichen.

Eigelb, Zucker und Vanillezucker schaumig rühren. Dann Rumrosinen und Schokoraspel zugeben. Die Sahne steif schlagen und unterziehen. Die Masse in eine Gefrierdose füllen und im Gefrierfach fest werden lassen.
Für 4 Personen.

M. Eckerle

Eisroulade mit Kirschsoße

150 g Gebäckbrösel
(z. B. Löffelbiskuits oder Zwieback)
500 ml Sahne
2 EL Puderzucker
2 Päckchen Vanillezucker
2 TL Kakao
Prise Zimt
Schuss Rum

Für die Kirschsoße:
1 kleine Dose Sauerkirschen
10 g Speisestärke
Prise Zimt
Schuss Kirschwasser

Die Gebäckbrösel 1/2 cm dick auf Alufolie ausbreiten. Die Sahne steif schlagen, dabei Puder- und Vanillezucker einarbeiten. Die Hälfte der Schlagsahne auf die Brösel streichen und im Gefrierfach anfrieren lassen. Unter die restliche Schlagsahne Kakao, Zimt und Rum ziehen. Die gefärbte Sahne auf die angefrorene Schicht streichen und wieder anfrieren lassen. Dann von der Längsseite her aufrollen und hart gefrieren lassen.

Für die Soße die Sauerkirschen mit Saft zum Kochen bringen. Mit der in etwas Wasser angerührten Speisestärke binden und mit Zimt und Kirschwasser abschmecken.

Die fertige Eisroulade aus der Alufolie nehmen, in schräge Scheiben schneiden und mit warmer oder kalter Kirschsoße servieren.

Für 4 Personen.

Annette Parnemann

Gefrorenes von Schwarzwälder Kirschwasser

750 g Zucker
1 l Wasser
abgeriebene Schale von 1 Zitrone
Saft von 5 Zitronen
125 ml Schwarzwälder Kirschwasser

Zucker und Wasser in einem Topf zum Kochen bringen, dabei sorgfältig abschäumen. Die Flüssigkeit dann durch ein mit Mull ausgelegtes Sieb gießen und erkalten lassen.

Anschließend Zitronenschale und Zitronensaft unterrühren und alles in eine Eismaschine füllen. Während des Gefriervorgangs das Kirschwasser portionsweise zugeben. *Für 6 Personen.*

Tipp: Dieses Gefrorene lässt sich auch sehr gut mit Himbeer- oder Heidelbeergeist zubereiten.

Liesel Kaiser

Heidelbeerquark mit Meringen

200 g Heidelbeeren
500 g Quark
2 Eigelb
75 g Zucker
1 Päckchen Vanillezucker
200 ml Sahne
4 Meringen

Die Heidelbeeren waschen. Einige Beeren für die Garnierung beiseite legen. Die restlichen Beeren mit Pürierstab oder Gabel zerdrücken.

Quark, Eigelb, Zucker, Vanillezucker und Heidelbeermus verrühren. Die Sahne steif schlagen und vorsichtig unter die Creme ziehen. Die Meringen grob zerkleinern. Meringenstückchen und Heidelbeercreme abwechselnd in Dessertgläser oder -schälchen schichten. Mit den zurückbehaltenen Heidelbeeren garnieren und gut gekühlt servieren.
Für 4 Personen.

Tipp: Meringen gibt es fertig beim Bäcker. Ein Rezept für selbst gemachte Meringen finden Sie auf Seite 103.

A. Kottal

Herrendessert

1 Päckchen Vanille-Puddingpulver
170 g Zucker
250 ml Milch
250 g Magerquark
200 g Frischkäse
500 ml Sahne
2 Päckchen Sahnesteif
2 Gläser Sauerkirschen, abgetropft
100 g Mandelblättchen
1 TL Butter

Aus Puddingpulver, 40 g Zucker und Milch nach Packungsanleitung einen Vanillepudding bereiten und erkalten lassen.

Quark, Frischkäse und 80 g Zucker in einer Schüssel etwa 5 Minuten kräftig schlagen. Anschließend portionsweise den Pudding unterrühren. Die Sahne mit dem Sahnesteif steif schlagen und vorsichtig unter die Quarkmasse heben. Die Kirschen in einer flachen Schale verteilen und die Quarkcreme darauf verstreichen. Zuletzt die Mandelblättchen mit Butter und dem restlichen Zucker in einer Pfanne bräunen und auf das Dessert streuen.
Für 6 Personen.

Tipp: Das Herrendessert vor dem Servieren einige Stunden kalt stellen.

Susanne Imm

Schneeballen mit Vanillesoße

2 Eier
5 EL Zucker
500 ml Milch
1/2 Vanilleschote, aufgeschlitzt
1 EL Speisestärke

Die Eier trennen. Das Eiweiß zu steifem Schnee schlagen und vorsichtig 3 Esslöffel Zucker unterziehen. Die Milch mit der Vanilleschote in einem weiten Topf zum Kochen bringen.

Vom Eischnee mit 2 Esslöffeln längliche Nocken abstechen und auf die kochende Milch setzen. Die Nocken von jeder Seite 1 Minute ziehen lassen. Dann mit einem Schaumlöffel herausheben und nebeneinander auf einen Teller setzen.

Für die Vanillesoße in einem zweiten Topf das Eigelb mit dem restlichen Zucker schaumig schlagen. Dann die Speisestärke einarbeiten. Zuletzt die heiße Milch unter stetem Rühren zugeben. Die Mischung unter Rühren wieder zum Kochen bringen, bis sie andickt. Die Vanilleschote entfernen.

Die Soße in Schälchen füllen und die Schneeballen darauf setzen. Gut gekühlt servieren.
Für 4 Personen.

Tipp: Sie können die Schneeballen auch auf einer Fruchtsoße anrichten.

Klara Floß

Meringen mit Schlagsahne

Das Eiweiß zu steifem Schnee schlagen, dann Puder- und Vanillezucker einrühren. Die Schaummasse in einen Spritzbeutel füllen und kleine Häufchen auf ein mit Backpapier ausgelegtes Blech spritzen. Die Meringen im vorgeheizten Backofen bei 100 Grad 1 1/2 Stunden trocknen. Abkühlen lassen. Üppig mit Schlagsahne garniert servieren.
Für 4 Personen.

Für das Baiser:
4 Eiweiß
200 g Puderzucker
1 Päckchen Vanillezucker

Schlagsahne zum Garnieren

Tipp: Die Meringen dürfen beim Backen nicht braun werden. Öffnen Sie daher die Ofentür bei Bedarf einen Spalt. Die Meringen schmecken auch zu Eis.

Helga Kaiser

Kaiserkuchen

2–3 altbackene Brötchen
etwas Milch
5 Eier
125 g Butter
125 g Zucker
125 g geriebene Mandeln
125 g Rosinen

Für den Sud:
1 Glas Rotwein
100 g Zucker
1 Zimtstange
2 Gewürznelken
Saft von 1/2 Zitrone

Die Brötchen in einer Schüssel in Milch einweichen. Die Eier trennen. Butter, Zucker und Eigelb schaumig rühren. Die eingeweichten Brötchen ausdrücken, in Stücke zupfen und zur Eigelbmasse geben. Mandeln und Rosinen zufügen und alles gut vermengen. Zuletzt das Eiweiß zu steifem Schnee schlagen und diesen vorsichtig unter den Teig heben.

Den Teig in eine gefettete und bemehlte Kastenform füllen und im vorgeheizten Backofen bei 200 Grad 30 Minuten backen. Anschließend abkühlen lassen und aus der Form nehmen.

Für den Sud alle Zutaten in einem Topf mischen und erhitzen. Den Kaiserkuchen in eine Schale setzen, gleichmäßig mit dem Sud tränken und über Nacht ziehen lassen. Zum Servieren in Scheiben schneiden.
Für 4–6 Personen.

Tipp: Reichen Sie zu diesem feinen Dessert Vanillesoße. Es wird traditionell in der Advents- und Weihnachtszeit zubereitet. In manchen Familien gehört der Kaiserkuchen als krönender Abschluss zum Weihnachtsmenü.

Freya Hauert

Zwetschgen in Rum

2 1/2 kg Zwetschgen
750 ml Wasser
500 g Zucker
250 ml Rum

Die Zwetschgen waschen und abtropfen lassen. In einem großen Topf Wasser und Zucker zum Kochen bringen. Die Früchte hineingeben und so lange kochen, bis sie aufplatzen. Dann mit einem Schaumlöffel herausheben und in einen vorgewärmten Steinguttopf legen. Den Rum in den heißen Zwetschgensud rühren und diese Mischung über die Zwetschgen gießen. Abkühlen lassen, dann den Steinguttopf mit einem Tuch verschließen. Die Früchte vor dem Servieren einige Tage durchziehen lassen.

Tipp: Diese eingelegten Zwetschgen passen wunderbar zu Eis oder Fruchtsalat.

Elisabeth Riesterer

Apfelküchle

3 mittelgroße Äpfel
2 EL Zucker
2 Eier
100 g Mehl
125 ml Milch
Salz
1 EL Öl
Fett zum Ausbacken

Zum Bestreuen:
2 EL Zucker
Prise Zimt

Die Äpfel schälen, in 1/2 cm dicke Scheiben schneiden und das Kerngehäuse sorgfältig ausstechen. Mit Zucker bestreuen und 30 Minuten ziehen lassen.

Inzwischen die Eier trennen. Aus Mehl, Milch, Salz und Eigelb einen dicken Pfannkuchenteig bereiten. Das Eiweiß zu steifem Schnee schlagen und vorsichtig unter den Teig ziehen, ebenso das Öl. Die Apfelscheiben im Teig wenden und in heißem Fett von beiden Seiten langsam hellbraun braten.

Zucker und Zimt vermischen, die fertigen Apfelküchle damit bestreuen und sofort servieren.
Für 2 Personen.

Tipp: Reichen Sie dazu eine Vanille- oder Weinschaumsoße.

Ruth Zimmermann

Apfelknöpfle

6–8 Brötchen
Milch
Salz
Prise Zucker
Prise Zimt
1 kg Äpfel
1 EL Rosinen
1–2 Eier
Mehl
Butterschmalz für die Form

Die Brötchen in dünne Scheiben schneiden. Die Milch erhitzen, leicht salzen und über die Brötchen gießen. Die Brötchenmasse dann mit Zucker und Zimt bestreuen.

Die Äpfel schälen, vierteln, das Kerngehäuse entfernen und in dünne Scheibchen schneiden. Äpfel, Rosinen und Eier zu den Brötchen geben. So viel Mehl einarbeiten, dass ein fester Teig entsteht. Mit einem Löffel Knödel abstechen und in eine großzügig mit Butterschmalz ausgestrichene Auflaufform setzen. Die Apfelknöpfle bei 175 Grad im vorgeheizten Backofen etwa 30 Minuten backen.
Für 6 Personen.

Tipp: Die Apfelknöpfle sind besonders bei Kindern sehr beliebt.

Agnes Winkler

Grießklöße

2 große Tassen Milch
160 g Grieß
Prise Salz
2 EL Butter
1 EL Semmelbrösel

Aus Milch, Grieß und Salz einen dicken Grießbrei bereiten. Die Butter schmelzen. Einen Löffel in die heiße Butter tauchen und damit längliche Klößchen vom Grießbrei abstechen. Den Löffel vor jedem Klößchen wieder mit Butter benetzen.

Die restliche Butter in einer Pfanne erhitzen, die Semmelbrösel darin goldgelb rösten und die Grießklöße damit abschmälzen.
Für 2–3 Personen.

Tipp: Dazu schmeckt eingemachtes Obst. Der fertige Grießbrei wird gehaltvoller, wenn man noch ein Ei unterzieht.

Ruth Zimmermann

Dampfnudeln

Aus Hefe, 1 Esslöffel Zucker und Milch einen Vorteig bereiten und gehen lassen. Dann die restlichen Zutaten zugeben und alles zu einem geschmeidigen Teig verarbeiten. Diesen kräftig kneten, bis sich Blasen bilden. Den Teig an einem warmen Ort gehen lassen, bis sich sein Volumen verdoppelt hat. Dann aus dem Teig etwa kinderfaustgroße Kugeln formen.

Milch, Butter und Zucker in einer Pfanne erwärmen, bis die Butter schmilzt. Die Teigkugeln hineinsetzen, einen Deckel auflegen und etwa 30 Minuten bei mittlerer Temperatur kochen lassen. Der Deckel darf vor Ende der Kochzeit nicht abgenommen werden, sonst fallen die Nudeln zusammen. Sollte Milch austreten, zum Abdichten ein feuchtes Geschirrtuch um den Deckelrand legen. Die Dampfnudeln mit Vanillesoße servieren.
Für 4 Personen.

Tipp: Achten Sie darauf, dass alle Zutaten für den Teig handwarm sind.

Angelika Lacher

Für den Teig:
30 g Hefe
50 g Zucker
250 ml lauwarme Milch
500 g Mehl
1 Ei
50 g Butter
1 Prise Salz

125 ml Milch
50 g Butter
50 g Zucker

Süßer Kartoffelknopf

Die Eier trennen. Die Butter schaumig rühren. Kartoffeln, Mandeln, Eigelb, Zimt, Zitronenschale, Mehl und Puderzucker zugeben und alles gut vermischen. So viel Sahne zufügen, dass ein glatter Teig entsteht. Zuletzt den steif geschlagenen Eischnee unterziehen. Den Teig in eine gefettete Auflaufform füllen und den Kartoffelknopf im vorgeheizten Backofen bei 180 Grad etwa 35 Minuten backen.
Für 4 Personen.

Liesel Kaiser

4 Eier
125 g Butter
250 g gekochte Kartoffeln, abgekühlt und gerieben
125 g gemahlene Mandeln oder Haselnüsse
Prise Zimt
abgeriebene Schale von 1/2 Zitrone
10 g Mehl
160 g Puderzucker
Sahne oder Sauerrahm

Alemannischer Bettelmann

1 1/2 kg Äpfel
300 g trockenes Schwarzbrot, gerieben
250 ml Wein
250 ml Wasser
Prise gemahlene Gewürznelken
Prise Zimt
Rosinen nach Geschmack
Zucker nach Geschmack

Die Äpfel schälen, vierteln, entkernen und in dünne Scheibchen schneiden. Das Brot mit Wein und Wasser befeuchten.

Anschließend Äpfel, Brot, Gewürze, Rosinen und Zucker abwechselnd in eine gefettete Auflaufform schichten. Bei 180 Grad 40–50 Minuten backen.
Für 4 Personen.

Edeltraud Winkler

Kirschblotzer

5–6 Eier
180 g Zwieback oder geröstetes Brot
125 ml Weißwein
3 EL Kirschwasser
150 g Butter
180 g Zucker
150 g gemahlene Haselnüsse
Prise Zimt
1 1/2 kg Süßkirschen, entsteint

Die Eier trennen. Das Eiweiß steif schlagen und zur Seite stellen. Den Zwieback fein reiben und mit Wein und Kirschwasser befeuchten.

Butter, Zucker und Eigelb schaumig schlagen. Eingeweichte Zwiebackbrösel, Haselnüsse, Zimt und Kirschen mit einem Kochlöffel einarbeiten. Zuletzt den Eischnee behutsam unterziehen. Die Masse in eine gut gefettete Springform füllen und im vorgeheizten Backofen bei 180–200 Grad etwa 1 Stunde backen.
Für 4–6 Personen.

Tipp: Der Kirschblotzer kann heiß als sättigender Auflauf oder kalt als Kuchen gereicht werden.

Angelika Lacher

Kirschenmichel nach Omas Art

Die Brötchen klein schneiden und in der Milch einweichen. Die Eier trennen.

100 g Butter, Zucker und Eigelb schaumig rühren. Die eingeweichten Brötchen unterheben. Dann Zimt, Zitronenschale und Mandeln einarbeiten. Das Eiweiß zu steifem Schnee schlagen und vorsichtig unter die Brötchenmasse ziehen. Zuletzt die Kirschen zugeben.

Den Teig in eine gefettete und bemehlte Spring- oder Auflaufform füllen. Die restliche Butter in Flöckchen auf den Kirschenmichel setzen. Zuletzt mit Semmelbröseln bestreuen. Den Auflauf im vorgeheizten Backofen bei 180 Grad etwa 1 Stunde backen. Vor dem Servieren mit Vanillezucker bestreuen.

Für 4 Personen.

Maria Wein

5 Brötchen
125 ml lauwarme Milch
4 Eier
125 g Butter
120 g Zucker
1 TL Zimt
abgeriebene Schale von 1/2 Zitrone
100 g gehackte Mandeln
1 kg Kirschen, entsteint
Semmelbrösel
1 Päckchen Vanillezucker

Weckleauflauf mit Weinschaumsoße

8 altbackene Brötchen
Rosinen nach Geschmack
Mandelsplitter nach Geschmack
5 Eier
5 EL Zucker
1 l Sahne oder Milch
abgeriebene Schale von 1/2 Zitrone
Prise Zimt
Salz
Butterflöckchen

Für die Weinschaumsoße:
5 Eigelb
5 EL Zucker
250 ml Gutedel oder anderer trockener Weißwein
abgeriebene Schale und Saft von 1/2 Zitrone

Die Kruste der Brötchen abreiben, danach die Brötchen in Scheiben schneiden. Eine gebutterte Auflaufform mit den abgeriebenen Bröseln ausstreuen. Dann eine Lage Brötchenscheiben einschichten, mit Rosinen und Mandelsplittern nach Geschmack bestreuen. Diesen Vorgang so lange wiederholen bis alle Brötchen aufgebraucht sind.

Eier, Zucker, Sahne, Zitronenschale, Zimt und Salz gut verquirlen und über den Brötchenauflauf gießen. Mit Butterflöckchen belegen und im vorgeheizten Backofen bei 175 Grad 1 Stunde backen.

Für die Weinschaumsoße Eigelb und Zucker in einer Schüssel verrühren. Wein sowie Zitronenschale und -saft zugeben und gut vermischen. Die Eimasse in ein Wasserbad stellen und mit dem Rührgerät dickschaumig aufschlagen. Warm zum Weckleauflauf servieren.
Für 4 Personen.

Tipp: Statt Rosinen können Sie auch in Scheiben geschnittene Äpfel verwenden.

Karin Giesin

Weinomelette

Die Eier trennen, den Eischnee steif schlagen und beiseite stellen. Eigelb, Zucker, Mehl, Nüsse und Weißwein schaumig schlagen. Zuletzt den Eischnee behutsam unterziehen.

Etwas Fett in einer Pfanne erhitzen, den Teig hineingeben und das Omelette darin von beiden Seiten goldgelb backen. Sofort servieren.
Für 2–3 Personen.

3 Eier
3 EL Zucker
3 EL Mehl
30 g gemahlene Nüsse
250 ml Weißwein
Fett zum Braten

Tipp: Das Weinomelette mit Marmelade bestreichen oder mit Zucker und Zimt bestreuen.

Klara Floß

Holderküchle

Die Holunderblüten waschen und abtropfen lassen. Die Eier trennen. Das Eiweiß zu steifem Schnee schlagen und beiseite stellen. Aus Eigelb, Mehl, Salz, Zucker, flüssiger Butter und Milch einen Teig bereiten. Zuletzt den Eischnee vorsichtig unterziehen.

Die Holunderblüten im Backteig wenden und in heißer Butter ausbacken. Auf Küchenpapier abtropfen lassen und mit Zucker und Zimt bestreut servieren.
Für 4 Personen.

6–8 frische Holunderblüten
2–3 Eier
120 g Mehl
Salz
2–3 EL Zucker
etwas flüssige Butter
125 ml Milch
Butter zum Ausbacken
Zucker und Zimt

Damaris Leser

Striebele

250 ml Milch
60 g Butter
Salz
250 g Mehl
2 Eier
Fett zum Backen
Puderzucker zum Bestreuen

Die Milch handwarm erwärmen und die Butter darin schmelzen lassen. Salzen und das Mehl unter Rühren einrieseln lassen. Die Eier trennen. Das Eigelb ebenfalls einrühren, das Eiweiß zu steifem Schnee schlagen und vorsichtig unter den Teig heben.

Den Teig kreisförmig durch einen Trichter in das heiße Fett laufen lassen. 4–5 Schnecken nebeneinander legen und von beiden Seiten goldgelb ausbacken. Zwischen Küchenpapier entfetten und mit Puderzucker bestreut servieren.
Für 4 Personen.

Tipp: Die Striebele kann man auch mit Zucker und Zimt bestreuen oder mit Apfelmus zu Tisch geben.

Karin Giesin

Scherben

4 Eier
4 EL Zucker
1 Tasse Sauerrahm
Salz
etwa 400 g Mehl
Fett zum Backen
Zucker und Zimt zum Bestreuen

Eier, Zucker, Sauerrahm und Salz gut verrühren. Dann so viel Mehl einarbeiten, dass der Teig sich gut ausrollen lässt. Den fertigen Teig 1 Stunde kühl stellen.

Den Teig auf der bemehlten Arbeitsfläche portionsweise dünn ausrollen. Mit dem Teigrädchen Rauten ausschneiden und diese gut antrocknen lassen. Jede Raute mit einer Gabel mehrmals einstechen und in heißem Fett schwimmend ausbacken. Die Scherben herausnehmen und auf Küchenpapier abtropfen lassen. Noch heiß mit Puderzucker oder Zucker und Zimt bestreuen und servieren.
Für 6 Personen.

Liesel Kaiser

Nit nur am Sunntig

Kuchen
Gebäck

Mannheimer Teegebäck

Für den Teig:
250 g Mehl
1 gestrichener TL Backpulver
75 g Zucker
1 Päckchen Vanillezucker
2 Eigelb
125 g Butter oder Margarine

Für die Makronenmasse:
2 Eiweiß
80 g Zucker
4 Tropfen Backaroma Bittermandel
125 g Mandeln, halb gemahlen, halb gehackt

Alle Zutaten zu einem glatten Teig verkneten und 30 Minuten kühl stellen.

In der Zwischenzeit für die Makronenmasse das Eiweiß zu steifem Schnee schlagen. Darunter esslöffelweise den Zucker und das Backöl schlagen. Die Mandeln unter den Eischnee heben.

Den Teig 1/2 cm dick ausrollen und kleine runde Plätzchen ausstechen. Diese mit der Makronenmasse bestreichen und auf ein Backblech legen. Im vorgeheizten Backofen bei 150 Grad (Umluft) etwa 10 Minuten backen.

Tipp: Sollte die Makronenmasse nicht ausreichen, werden die übrigen Plätzchen dünn mit Milch bestrichen und mit Hagelzucker bestreut. Statt Mandeln können Sie auch Haselnüsse verwenden.

Friederike Finster-Müller

Badener Chräbeli

250 g Zucker
2 Eier
250 g Mehl
1 Msp. Natron
1 EL Anissamen
abgeriebene Schale von 1 Zitrone

Zucker und Eier schaumig rühren, dann Mehl und Natron einarbeiten. Zuletzt Anis und Zitronenschale unterkneten. Den Teig zu fingerdicken Rollen formen und diese in 5 cm lange Stücke schneiden. Jedes Stück zu einem Halbmond formen und an der Oberseite dreimal schräg einschneiden.

Die Chräbeli auf mit Backpapier ausgelegte Bleche setzen und über Nacht bei Raumtemperatur ruhen lassen. Am nächsten Tag im vorgeheizten Backofen bei 190 Grad 10–15 Minuten auf der mittleren Schiene backen.
Ergibt etwa 35 Stück.

Tipp: Dieses traditionelle badische Weihnachtsgebäck muss unbedingt über Nacht trocknen. Nur dann verläuft es nicht beim Backen.

Marlen Krämer

Basler Leckerli

Den Honig in einem Topf erhitzen. Vom Herd ziehen und den Zucker unterrühren. Mandeln, Zitronat und Orangeat zugeben. Zimt, Gewürznelken, Zitronenschale sowie -saft und Kirschwasser einarbeiten. Das Hirschhornsalz in 1 Esslöffel kaltes Wasser auflösen und abwechselnd mit dem Mehl unter die Honigmasse rühren.

Den Teig 1 cm dick auf ein gefettetes Backblech streichen und im vorgeheizten Backofen bei 180 Grad etwa 15 Minuten backen. Das fertige Gebäck sofort in Quadrate oder Rauten schneiden.

Aus Puderzucker und Wasser eine glatte Glasur bereiten. Die Basler Leckerli damit bestreichen und mit Mandelhälften belegen.

Ursula Ruh

500 g Honig
250 g Zucker
200 g Mandeln, grob gehackt
100 g Zitronat, grob gehackt
100 g Orangeat, grob gehackt
2 TL Zimt
1 TL gemahlene Gewürznelken
abgeriebene Schale und Saft von 1 Zitrone
4 EL Kirschwasser
1/2 gestrichener TL Hirschhornsalz
750 g Mehl

Für die Garnierung:
125 g Puderzucker
2 EL heißes Wasser
100 g Mandeln, abgezogen und halbiert

Magenbrot

6 Eier
250 g Zucker
100 g gemahlene Mandeln
1 TL gemahlene Gewürznelken
125 g Mehl

Eier und Zucker mit dem Handrührgerät dickschaumig rühren. Die übrigen Zutaten zufügen und den Teig in eine gefettete Springform füllen. Im vorgeheizten Backofen bei 170 Grad 10–15 Minuten backen. Anschließend in kleine Stücke schneiden.

Agnes Winkler

Mokka-Kracherle

50 g Butter
75 g Zucker
1 Eigelb
150 g Mehl, gesiebt
1 Msp. Backpulver
1 EL Instant-Kaffeepulver
etwas Milch

Butter und Zucker schaumig rühren. Das Eigelb zugeben und das mit Backpulver gemischte Mehl sowie das Kaffeepulver einarbeiten. Alles gut miteinander verkneten, bei Bedarf etwas Milch zufügen. Aus dem Teig walnussgroße Bällchen formen und auf ein gefettetes Backblech setzen. Die Mokka-Kracherle im vorgeheizten Backofen bei 180 Grad etwa 15 Minuten backen.

Regina Schlageter

Kartoffelhörnchen

250 g gekochte Kartoffeln vom Vortag
300 g Mehl
1 Päckchen Backpulver
100 g Zucker
1 Päckchen Vanillezucker
Salz
2 Eier
75 g Margarine
75 g gemahlene Haselnüsse

Marmelade zum Füllen
1 Eigelb, verquirlt, zum Bestreichen
Puderzucker

Die Kartoffeln pellen, durch die Kartoffelpresse drücken und mit den übrigen Zutaten zu einem Knetteig verarbeiten. Auf der bemehlten Arbeitsfläche nicht zu dünn ausrollen und 10 cm große Quadrate ausschneiden. In die Mitte jeweils einen Klecks Marmelade geben. Anschließend von einer Ecke aus zu Hörnchen aufrollen. Diese auf ein mit Backpapier ausgelegtes Blech setzen, mit Eigelb bestreichen und im vorgeheizten Backofen bei 180 Grad 20–30 Minuten goldgelb backen. Noch heiß mit Puderzucker bestäuben.

Trudel Möller

Schneckennudeln

Das Mehl in eine Schüssel sieben und in die Mitte eine Vertiefung drücken. Die Hefe in etwas Milch auflösen, dann die restliche Milch zugeben. Die Hefemilch in die Vertiefung gießen, mit etwas Mehl vom Rand verrühren und abgedeckt an einem warmen Ort kurz gehen lassen. Dann mit allen übrigen Zutaten zu einem glatten Teig verkneten. Diesen wieder abgedeckt 20 Minuten gehen lassen.

In der Zwischenzeit die Füllung zubereiten. Dafür in einer Pfanne die Butter schmelzen lassen. Zucker und Haferflocken zugeben und einige Minuten unter Rühren anrösten. Dann die restlichen Zutaten zufügen und rühren, bis eine glatte, streichfähige Masse entstanden ist. Die Füllung abkühlen lassen.

Den Teig auf einer bemehlten Arbeitsfläche möglichst dünn zu einem Rechteck ausrollen. Gleichmäßig mit Füllung bestreichen und von der Längsseite her aufrollen. Von der Rolle 1 cm dicke Scheiben abschneiden und auf ein gefettetes Backblech setzen. Nochmals 10 Minuten gehen lassen und dann im vorgeheizten Backofen bei 200 Grad etwa 20 Minuten backen.

Zuletzt Puderzucker und Zitronensaft zu einem glatten Guss verrühren und die abgekühlten Schneckennudeln damit bestreichen.

Marlen Krämer

Für den Hefeteig:
250 g Vollkornmehl
250 g Auszugsmehl
1 Würfel Hefe
125–250 ml lauwarme Milch
1 Ei
80 g Margarine
90 g Zucker

Für die Füllung:
150 g Butter
100 g Zucker
150 g feine Haferflocken
100 g gehackte Mandeln
1 Msp. Zimt
1 Päckchen Vanillezucker
Rosinen nach Geschmack
250 ml Milch

Für den Guss:
150 g Puderzucker
2–3 EL Zitronensaft

Nordbadische Zimtwaffeln

3 Eier
125 g Butter
125 g Zucker
2 TL Zimt
100 g Mehl
Fett für das Waffeleisen

Die Eier trennen. Die Butter schaumig rühren. Zucker, Eigelb, Zimt und Mehl einarbeiten. Zuletzt das steif geschlagene Eiweiß unterziehen. Der Teig muss zwar fest, aber noch geschmeidig sein. Nussgroße Kugeln formen, das Waffeleisen erhitzen, fetten und die Kugeln backen.

Tipp: Diese Waffeln werden besonders gerne zu Weihnachten gebacken.

Agnes Winkler

Waffeln, kalt zu essen

250 g Butter oder Margarine
200 g Zucker
1 Päckchen Vanillezucker
4–5 Eier
Salz
125 g Mehl
125 g Speisestärke
1 Msp. Backpulver

Die Butter schaumig schlagen. Dann Zucker und Vanillezucker einrühren. Die Eier nacheinander zugeben und zuletzt die übrigen Zutaten einarbeiten. Den Teig portionsweise im Waffeleisen ausbacken. Abkühlen lassen und servieren.

Annedore Teyssedou

Apfelbrot

Die Äpfel raspeln, mit dem Zucker bestreuen und abgedeckt über Nacht ziehen lassen.

Am nächsten Tag die übrigen Zutaten in einer Schüssel mischen, die Äpfel zugeben und alles gut verrühren. Den Teig in eine gefettete und bemehlte Kastenform füllen und im vorgeheizten Backofen bei 170–190 Grad 90 Minuten backen.

Petra Mercatoris

1 kg Äpfel
200 g Zucker
500 g Mehl
1 1/2 Päckchen Backpulver
250 g Rosinen
125 g Nüsse, grob gehackt
1 EL Zimt
1 EL Kakao
1 EL Rum
1 Msp. gemahlene Gewürznelken

Großmutters Apfelkuchen

Zwiebackbrösel, Margarine und Zucker vermischen, dann zwischen den Handflächen verreiben. Eine Springform einfetten, die Bröselmasse hineingeben und einen glatten Boden formen, festdrücken. Die Äpfel schälen, vierteln und dicht auf den Boden setzen. Sauerrahm, Eigelb, Zucker, Vanillezucker und Mehl verrühren. Das Eiweiß steif schlagen, behutsam unterheben und die Masse gleichmäßig über die Äpfel verteilen. Den Apfelkuchen im vorgeheizten Backofen bei 175 Grad 75 Minuten backen.

Gustl Lorenz

11 Zwiebäcke, gerieben
50 g Margarine
3 EL Zucker
6 große Äpfel
200 g Sauerrahm
3 Eigelb
100 g Zucker
1 Päckchen Vanillezucker
1 gehäufter EL Mehl
3 Eiweiß

Aprikosenkuchen

Für den Belag:
2 kg Aprikosen
kräftige Prise Zimt
3 EL Zucker
Saft von 1 Zitrone
125 ml Pfirsichlikör

Für den Teig:
250 g Butter oder Margarine
4–5 Eier
200 g Zucker
1 Päckchen Vanillezucker
380 g Dinkelmehl
1 Päckchen Backpulver

100 g Mandelblättchen

Die Aprikosen waschen, trockentupfen, halbieren und entkernen. In eine Schüssel geben. Mit Zimt und Zucker bestreuen und mit Zitronensaft und Pfirsichlikör begießen. Vorsichtig durchmischen und 3 Stunden marinieren. Die Früchte dabei gelegentlich schwenken, so dass sie immer angefeuchtet sind.

Die Butter schaumig rühren. Eier, Zucker und Vanillezucker zugeben und gut unterrühren. Zuletzt Mehl und Backpulver einarbeiten. 2 Tassen Teig abnehmen und beiseite stellen.

Den restlichen Teig auf ein mit Backpapier ausgelegtes Backblech streichen. Die Aprikosen mit der Wölbung nach oben in Lagen auf den Teig setzen. Die verbliebene Marinade mit dem zurückbehaltenen Teig verrühren und gleichmäßig über die Früchte verteilen. Den Kuchen zuletzt mit Mandelblättchen bestreuen und im vorgeheizten Backofen bei 180 Grad (Umluft) 50–60 Minuten backen.
Ergibt 1 Blech.

Tipp: Dieser saftige Kuchen schmeckt lauwarm mit Schlagsahne am besten.

Antje Hohmuth

Holunderblütentarte

Mehl, Ei, Zucker, Butter und Backpulver zu einem glatten Teig verkneten. In Frischhaltefolie hüllen und 1 Stunde kalt stellen. Dann auf der bemehlten Arbeitsfläche ausrollen und eine Tarte- oder Springform (24 cm Durchmesser) damit auslegen. Den Boden im vorgeheizten Backofen bei 180 Grad 10 Minuten backen.

Holunderblüten und Mandeln auf dem vorgebackenen Boden verteilen. Den Honig leicht erwärmen, mit der Sahne verrühren und über die Blüten gießen. Die Tarte zuletzt mit Zucker bestreuen und bei 220 Grad weitere 30 Minuten backen, so dass der Zucker karamellisiert.

Klara Floß

150 g Mehl
1 Ei
75 g Zucker
60 g Butter
2 TL Backpulver
100 g frische Holunderblüten, entstielt
75 g gemahlene Mandeln
1 EL Honig
200 ml Sahne
100 g Zucker

Rhabarberkuchen

Für den Teig:
300 g Mehl
80 g Butter
60 g Zucker
2 Eigelb
2–3 EL Semmelbrösel

1 kg Rhabarber

Für das Baiser:
2 Eiweiß
120 g Puderzucker

Die angegebenen Zutaten zu einem Mürbeteig verkneten und diesen 30 Minuten kühl stellen. Den Teig in eine gefettete Springform geben, glatt drücken und einen Rand hochziehen. Den Kuchenboden mit Semmelbröseln bestreuen.

Den Rhabarber schälen und in kleine Würfel schneiden. Mit kochendem Wasser übergießen und 5 Minuten ziehen lassen. Anschließend abtropfen lassen und gleichmäßig auf dem Kuchenboden verteilen. Den Kuchen im vorgeheizten Backofen bei 175 Grad (Heißluft) 30 Minuten backen.

In der Zwischenzeit für das Baiser das Eiweiß steif schlagen und mit dem gesiebten Puderzucker vermischen. Den vorgebackenen Kuchen aus dem Ofen nehmen und die Baisermasse darauf verteilen, vorsichtig glatt streichen. Für weitere 10 Minuten goldgelb backen. Den Rhabarberkuchen gut abkühlen lassen, dann erst aus der Form lösen.
Für 4 Personen.

Friederike Finster-Müller

Rhabarber-Quark-Kuchen

Die angegebenen Zutaten zu einem Mürbeteig verkneten und diesen 1 Stunde kühl stellen. Den Mürbeteig danach auf der bemehlten Arbeitsfläche ausrollen und eine gefettete und bemehlte Springform damit auslegen. Dabei einen 3 cm hohen Rand formen. Den Boden mit einer Gabel mehrmals einstechen und im vorgeheizten Backofen bei 175 Grad 20 Minuten vorbacken.

Inzwischen den Rhabarber waschen und in Stücke schneiden. In einem Topf mit etwas Wasser sowie Zucker und Zitronensaft weich dünsten. Auf einem Sieb abtropfen lassen.

Für den Guss Butter, Zucker und Eigelb schaumig rühren. Quark und Vanillezucker einarbeiten. Das Eiweiß zu steifem Schnee schlagen und vorsichtig unter die Quarkmasse ziehen.

Den Tortenboden aus dem Ofen nehmen und mit Zwiebackbröseln bestreuen. Darauf den Rhabarber verteilen und anschließend gleichmäßig mit dem Quarkguss bestreichen. Den Kuchen wieder in den Ofen schieben und bei 150 Grad goldgelb backen.

Petra Mercatoris

Für den Teig:
200 g Mehl
1 TL Backpulver
125 g Butter
100 g Zucker
1 Ei

Für den Belag:
750 g Rhabarber
3 EL Zucker
1 EL Zitronensaft
2 Zwiebäcke, gerieben

Für den Guss:
80 g Butter
125 g Zucker
4 Eier, getrennt
500 g Sahnequark
1 Päckchen Vanillezucker

Träubleskuchen

Für den Teig:
250 g Mehl
1 Msp. Backpulver
1 Ei
60 g Zucker
125 g Butter

Für den Belag:
6–8 Eiweiß
125 g Puderzucker
125 g gemahlene Mandeln oder Haselnüsse
1 kg Johannisbeeren
wenig Rosenwasser

Alle Zutaten zu einem Mürbeteig verkneten und 30 Minuten kühl stellen. Dann ausrollen und eine gefettete Springform damit auslegen.

Das Eiweiß zu steifem Schnee schlagen, den Puderzucker zufügen und nochmals kurz schlagen. Mandeln, Johannisbeeren und Rosenwasser unterheben und die Masse auf dem Kuchenboden verteilen. Im vorgeheizten Backofen bei Mittelhitze (175 Grad) etwa 45 Minuten goldgelb backen.

Tipp: Nach diesem Rezept kann auch ein Stachelbeer- oder Apfelkuchen gebacken werden.

Edeltraud Winkler

Butterkuchen

500 g Mehl
100 g Butter
80 g Zucker
1/2 Würfel Hefe
250 ml Milch
Salz

Für den Belag:
100 g Butter, in Flöckchen
150–200 g Zucker
200 g Mandelblättchen

Aus den genannten Zutaten einen Hefeteig bereiten und gut schlagen. An einem warmen Ort gehen lassen, bis sich sein Volumen verdoppelt hat. Dann auf einem gefetteten Backblech ausrollen und nochmals kurz gehen lassen.

Die Teigplatte mit Butterflöckchen belegen und mit Zucker und Mandelblättchen bestreuen. Im vorgeheizten Backofen auf höchster Stufe (275 Grad) 8–10 Minuten backen.

Tipp: Frisch gegessen – ein Gedicht.

Trudel Möller

Zwetschgenkuchen mit Streuseln

Die Zwetschgen waschen, trockentupfen, halbieren und entkernen. In eine Schüssel geben. Mit Zucker und Zimt bestreuen und ziehen lassen. Die Früchte dabei gelegentlich schwenken, so dass sie gleichmäßig aromatisiert werden.

In der Zwischenzeit alle Zutaten zu einem geschmeidigen Mürbeteig verkneten und diesen mindestens 1 Stunde im Kühlschrank ruhen lassen.

Für die Streusel Mehl und Zucker in einer Schüssel mischen. Die Butter in Flöckchen zugeben und Streusel herstellen.

Den Teig ausrollen und auf ein mit Backpapier ausgelegtes Backblech legen. Die Zwetschgen mit der Schnittseite nach oben in Reihen auf den Teig setzen. Die Früchte ganz nach Geschmack nochmals leicht mit Zucker oder Zimt bestreuen. Zuletzt die Streusel auf dem Kuchen verteilen und diesen im vorgeheizten Backofen bei 170 Grad (Umluft) etwa 60 Minuten backen.

Ergibt 1 Blech.

Tipp: Wenn Ihnen das Abreiben einer Zitrone zu mühselig ist, nehmen Sie einfach ein Tütchen backfertiges Zitronenschalenaroma.

Antje Hohmuth

Für den Belag:
2 kg Zwetschgen
6 EL Zucker
2 TL Zimt

Für den Teig:
220 g Mehl
150 g gemahlene Mandeln
3 Eigelb
150 g Zucker
Prise Salz
abgeriebene Schale von 1 Zitrone
220 g Butter

Für die Streusel:
200 g Mehl
200 g Zucker
150 g Butter

Käsekuchen mit Eiweißguss

Für den Teig:
240 g Mehl
2 Eigelb
60 g Zucker
140 g Butter oder Margarine

Für den Belag:
30 g Margarine
Zucker nach Geschmack
1 Vanillezucker
2 Eigelb
500 g Schichtkäse, abgetropft

Für den Guss:
4 Eiweiß
150 g Zucker
50 g Mandelblättchen

Die angegebenen Zutaten zu einem Mürbeteig verkneten und diesen 30 Minuten kühl stellen. Dann auf der bemehlten Arbeitsfläche ausrollen und eine gefettete Springform damit auslegen. Dabei einen Rand formen. Im vorgeheizten Backofen bei 175 Grad 20–30 Minuten backen.

Für den Belag Margarine, Zucker, Vanillezucker und Eigelb schaumig rühren. Den Schichtkäse unterziehen und die Quarkmasse auf den vorgebackenen Boden streichen.

Zuletzt für den Guss das Eiweiß zu steifem Schnee schlagen, den Zucker einrieseln lassen und den Eischnee auf der Quarkschicht verteilen. Mit Mandelblättchen bestreuen und im heißen Ofen bei 190 Grad 20–25 Minuten backen.

Tipp: Der Schichtkäse für den Belag muss sehr trocken sein. Lassen Sie ihn vor dem Backen 2 Tage auf einem Sieb abtropfen.

Ingeborg van Wyhe

Brottorte

125 g Semmelbrösel
200 ml Rotwein
10 Eier
300 g Zucker
250 g gemahlene Mandeln
1 TL Zimt
20 g Mehl
75 g Zitronat

Puderzucker oder Schokoladenglasur

Die Semmelbrösel mit Rotwein übergießen und durchziehen lassen. Eier und Zucker mit dem Rührgerät auf höchster Stufe etwa 10 Minuten schaumig schlagen. Dann die eingeweichten Semmelbrösel sowie alle anderen Zutaten vorsichtig unterheben. Den Teig in eine gefettete Springform füllen und im vorgeheizten Backofen bei 160 Grad 60–70 Minuten backen. Die Brottorte auskühlen lassen. Zum Servieren mit Puderzucker bestäuben oder mit Schokoladenglasur überziehen.

Trudel Möller

Kaffeekuchen

Den Instant-Kaffee in kochendem Wasser auflösen. Butter, Zucker und Vanillezucker schaumig rühren. Dann die Eier nach und nach einarbeiten. Kaffee, gehackte Mandeln, Mehl, Backpulver, Zitronenschale und Kakao zufügen und alles zu einem glatten Rührteig verarbeiten.

Den Teig in eine gefettete Napfkuchenform (2 l Inhalt) füllen und glatt streichen. Im vorgeheizten Backofen bei 175 Grad 40–60 Minuten backen. Anschließend auf ein Kuchengitter stürzen und erkalten lassen.

Tipp: Den Kaffeekuchen fest in Alufolie wickeln und vor dem Anschneiden einige Tage ruhen lassen, damit er sein Aroma voll entfalten kann.

Renate Riesterer

4 TL Instant-Kaffeepulver
250 ml kochendes Wasser
250 g Butter oder Margarine
500 g Zucker
1 Päckchen Vanillezucker
4 Eier
125 g gehackte Mandeln
375 g Mehl
1 gehäufter TL Backpulver
abgeriebene Schale von 1 unbehandelten Zitrone
50 g Kakao

Betberger Torte

Für den Boden:
250 g Mehl
125 g Butter
125 g Zucker
2 TL Backpulver
einige Tropfen
Backaroma Zitrone
3 Eigelb

Für den Belag:
Himbeermarmelade
3 Eiweiß
125 g Zucker
125 g gemahlene
Haselnüsse
1 Päckchen Vanillezucker

Die angegebenen Zutaten zu einem Mürbeteig verkneten und diesen 30 Minuten kühl stellen. Dann auf der bemehlten Arbeitsfläche ausrollen und eine gefettete Springform damit auslegen. Dabei einen kleinen Rand bilden.

Den Boden mit Himbeermarmelade bestreichen. Das Eiweiß zu steifem Schnee schlagen. Zucker, Vanillezucker und Haselnüsse behutsam unterheben und die Eiweißmasse gleichmäßig auf der Marmelade verstreichen. Die Torte im vorgeheizten Backofen bei 180 Grad etwa 45 Minuten backen.

Susanne Imm

Schnitzbrot

750 g Birnenschnitze
750 g Apfelschnitze
600 g Feigen
500 g Rosinen
1500 g Walnüsse,
gehackt
3 Päckchen
Lebkuchengewürz
Prise Zimt
20 ml Kirschwasser

Für den Teig
1750 g Brotmehl
(Type 770)
750 g Weizenmehl
(Type 405)
Salz
3 Würfel Hefe
Obst-Kochsud

Am Vortag die Birnen- und Apfelschnitze in Wasser kurz aufkochen. Abkühlen lassen, dann abgießen und den Sud auffangen.

Birnen- und Apfelschnitze sowie Feigen klein schneiden. Aus Mehl, Salz, Hefe und Obst-Kochsud einen Hefeteig bereiten. Birnen- und Apfelschnitze, Feigen, Rosinen, Nüsse, Gewürze und Kirschwasser zufügen und den Teig gut durchkneten. Den Teig dann abgedeckt an einem warmen Ort gehen lassen, bis sich sein Volumen verdoppelt hat. Anschließend zu einem Laib formen und erneut gehen lassen. Das Schnitzbrot im vorgeheizten Backofen bei 180 Grad etwa 1 Stunde backen.

Tipp: Das Schnitzbrot schmeckt besonders gut in der Advents- und Weihnachtszeit.

Anita Steck

Schwarzwälder Mohnstollen

Aus den angegebenen Zutaten einen Hefeteig bereiten und diesen an einem warmen Ort auf das doppelte Volumen aufgehen lassen.

In der Zwischenzeit für die Füllung alle Zutaten miteinander verrühren. Den Hefeteig ausrollen und die Ränder mit zerlassener Butter bestreichen. Die Füllung gleichmäßig darauf verteilen und den Teig zu einem Stollen aufrollen. Den Stollen auf ein gefettetes Backblech setzen und nochmals kurz gehen lassen. Dann im vorgeheizten Backofen bei 175 Grad 1 Stunde backen. Nach dem Abkühlen mit Puderzucker bestäuben.

Edeltraud Winkler

20 g Hefe
125–250 ml lauwarme Milch
500 g Mehl
100 g Zucker
150 g Margarine
Prise Salz
abgeriebene Schale von 1/2 Zitrone
3 Eier, verquirlt

Für die Füllung:
375 g Mohn, gemahlen
5 g Zimt
150 g Zucker
100 g gemahlene Nüsse
1/2 Fläschchen Backaroma Bittermandel
80 g Butter, zerlassen
2 Eier, verquirlt
20 ml Kirschwasser

Butter zum Bestreichen
Puderzucker zum Bestreuen

Birnentorte

Für den Teig:
250 g Mehl
75 g Zucker
Salz
1 Ei
1 Eigelb
1 TL abgeriebene Zitronenschale
125 g kalte Butter

Für den Belag:
1 1/2 kg reife Birnen
1 EL Zitronensaft
2 Zwiebäcke, gerieben

Für den Guss:
2 Eier
250 ml Sahne
200 g Crème fraîche
Salz
40 g Zucker
Prise Zimt
50 g Mandelsplitter
1 Päckchen Vanillezucker

Die angegeben Zutaten zu einem Mürbeteig verkneten und 30 Minuten kühl stellen.

Die Birnen schälen, vierteln und das Kerngehäuse entfernen. Sofort mit Zitronensaft beträufeln, abdecken und zur Seite stellen.

Den Mürbeteig auf der bemehlten Arbeitsfläche ausrollen und eine gefettete Springform damit auslegen. Dabei einen hohen Rand bilden. Den Boden mit Zwiebackbröseln bestreuen und anschließend mit Birnenvierteln belegen. Die Torte im vorgeheizten Backofen auf der mittleren Schiene bei 225 Grad 20 Minuten vorbacken.

Inzwischen für den Guss Eier, Sahne, Crème fraîche, Salz, Zucker und Zimt gut verquirlen. Die Mandelsplitter in einer Pfanne ohne Fett unter Rühren goldgelb rösten.

Die Torte aus dem Ofen nehmen und mit den Mandeln bestreuen, dann vorsichtig den Guss darüber gießen. Wieder in den Ofen schieben und auf der unteren Schiene bei 225 Grad weitere 50 Minuten backen. Die fertige Birnentorte herausnehmen und mit Vanillezucker bestreuen. Vor dem Anschneiden mindestens 2 Stunden in der Form auskühlen lassen.

Petra Mercatoris

Gelberübentorte

8 Eier
375 g Zucker
375 g Karotten, geraspelt
1 TL Zimt
abgeriebene Schale und Saft von 1/2 Zitrone
375 g gemahlene Mandeln
40 g Kartoffelmehl
2 EL Kirschwasser oder Rum

Für die Glasur:
200 g Puderzucker
2–3 EL Kirschwasser oder Zitronensaft

Die Eier trennen. Eigelb und Zucker schaumig rühren. Dann die Karotten zugeben und weitere 15 Minuten rühren. Anschließend Zimt, Zitronensaft und -schale, Mandeln, Kartoffelmehl sowie Kirschwasser einarbeiten. Das Eiweiß zu steifem Schnee schlagen und vorsichtig unterziehen.

Den Teig in eine gefettete Springform füllen und im vorgeheizten Backofen bei 175 Grad 45–60 Minuten goldgelb backen. Die fertige Torte auf ein Kuchengitter stürzen und abkühlen lassen.

Zuletzt Puderzucker und Kirschwasser zu einer dickflüssigen Glasur verrühren und die Gelberübentorte damit bestreichen.

Tipp: Diese Torte entfaltet ihr Aroma am besten, wenn sie 1–2 Tage durchziehen kann. Tragen Sie die Glasur erst vor dem Servieren auf.

Elisabeth Riesterer

Schwarzwälder Kirschtorte

Für den Boden:
6 Eier
150 g Butter
150 g Zucker
1 Päckchen Vanillezucker
100 g gemahlene Mandeln
100 g Blockschokolade, gerieben
75 g Mehl
75 g Speisestärke
1 Päckchen Backpulver

Für den Belag:
2 Gläser Sauerkirschen
4 gestrichene EL Speisestärke
6 cl Kirschwasser
1 1/4 l Sahne
4 Päckchen Sahnesteif
4 Päckchen Vanillezucker
4 gestrichene EL Puderzucker

Für die Garnierung:
Blockschokolade, geraspelt
16 Sauerkirschen

Für den Boden die Eier trennen. Butter, Zucker und Vanillezucker schaumig rühren. Anschließend das Eigelb gut unterrühren. Dann nacheinander Mandeln, Blockschokolade, Mehl, Speisestärke und Backpulver einarbeiten. Zuletzt das Eiweiß zu steifem Schnee schlagen und vorsichtig unter den Teig ziehen. Den Teig in eine gefettete Springform füllen und im vorgeheizten Backofen bei 180 Grad etwa 45 Minuten backen. Den fertigen Boden aus der Form nehmen und auf einem Kuchengitter gut auskühlen lassen. Dann zweimal durchschneiden, so dass drei dünne Böden entstehen.

Sauerkirschen in einem Sieb abtropfen lassen, dabei den Saft auffangen. 16 schöne Kirschen beiseite legen. Speisestärke mit etwas Kirschsaft anrühren. 1/4 l Kirschsaft zum Kochen bringen, von der Kochstelle nehmen, die Speisestärke einrühren. Unter Rühren aufkochen, von der Herdplatte nehmen, Kirschen einrühren und abkühlen lassen. 2 cl Kirschwasser zufügen und verrühren.

Die Sahne mit Sahnesteif, Vanille- und Puderzucker steif schlagen. Einen Boden auf eine Tortenplatte setzen, mit Kirschwasser beträufeln und mit der Kirschmasse, danach mit Sahne bestreichen. Den zweiten Boden auflegen und mit Kirschwasser tränken. Eine Schicht Sahne auftragen. Den dritten Boden aufsetzen und mit dem restlichen Kirschwasser beträufeln. Oberfläche und Rand der Torte mit der verbliebenen Sahne bestreichen. Dabei etwas Sahne zur Seite stellen. Zuletzt Oberfläche und Rand der Torte mit Schokoraspeln bestreuen. Mit der zurückbehaltenen Sahne 16 Röschen auf die Torte spritzen und diese mit jeweils einer Kirsche verzieren.

Info: Die Schwarzwälder Kirschtorte wurde nicht im Schwarzwald, sondern in Bad Godesberg erfunden. Ihr Schöpfer, Josef Keller, arbeitete dort 1915 im Prominentencafé Agner. Keller kam auf die Idee, Sahne und Kirschen auf einem mit Kirschwasser aromatisierten Mürbeteigboden zu servieren. Nach seiner Meisterprüfung arbeitete Keller in Radolfzell am Bodensee, wo er um 1927 erstmals ein Rezept für Schwarzwälder Kirschtorte aufzeichnete.

Helga Bürsner

Linzer Torte

Aus den angegebenen Zutaten einen Mürbeteig bereiten. Diesen zu einer Kugel formen, in Frischhaltefolie hüllen und 1–2 Stunden kühl stellen.

Die Hälfte des Teiges auf der bemehlten Arbeitsfläche etwa 1/2 cm dick ausrollen. Die Teigplatte in eine gefettete Springform legen und am Rand 1 cm hochdrücken. Den Boden mit der Marmelade bestreichen. Dann den restlichen Teig ausrollen, in 1/2 cm dicke Streifen schneiden und gitterförmig auf den Kuchen legen. Die Teigstreifen zuletzt mit Eigelb bestreichen. Die Torte im vorgeheizten Backofen bei 170–200 Grad etwa 30 Minuten goldgelb backen.

Für den Teig:
350 g Mehl
225 g Butter
125 g Zucker
4 Eigelb
125 g gemahlene Mandeln
1 EL abgeriebene Zitronenschale
3 Tropfen Backaroma Bittermandel
1 EL Arrak oder Kirschwasser

Für den Belag:
250 g Himbeermarmelade
1 Eigelb, verquirlt

Tipp: Bei der Fertigstellung der Linzer Torte gibt es noch eine zweite Möglichkeit: Man verzichtet vor dem Backen auf das Bestreichen mit Eigelb und überzieht die Torte stattdessen nach dem Backen mit einem Puderzucker-Zitronen-Guss und garniert sie mit kandierten Früchten.

Welche Variante Sie auch bevorzugen, in jedem Fall sollten Sie die Torte einige Tage im Voraus backen und dann in Alufolie gehüllt ruhen lassen. So entfaltet sie ihr Aroma am besten.

Liesel Kaiser

Badische Weintorte

150 g Schwarzbrot
250 ml Weißwein
8 Eier
250 g Zucker
150 g Mandeln,
abgezogen und gerieben
40 g Zitronat
40 g Orangeat
1 TL Zimt

Zum Tränken:
125 ml Weißwein
Zucker nach Geschmack

Für die Glasur:
250 g Zucker
125 ml Weißwein

Weintrauben zum
Belegen

Das Schwarzbrot rösten und reiben, dann mit dem Weißwein tränken. Die Eier trennen. Zucker und Eigelb schaumig rühren. Mandeln, Zitronat, Orangeat, Zimt und die Schwarzbrotmasse einarbeiten. Das Eiweiß zu steifem Schnee schlagen und vorsichtig unterheben. Den Teig in eine gut gefettete Springform füllen und im vorgeheizten Backofen bei 170 Grad 1 Stunde backen. Aus der Form lösen und auskühlen lassen.

Den Weißwein erhitzen, mit Zucker nach Geschmack süßen und die Torte damit tränken.

Für die Glasur Zucker und Weißwein kochen, bis sich Blasen bilden. Sofort in kaltes Wasser stellen und rasch zu einer milchig weißen Masse verrühren. Die Glasur über die Torte laufen lassen und mit Weintrauben verzieren.

Anna Burger

En guete Schluck
Getränke

Kaffeelikör

50 g Kaffeepulver
250 ml heißes Wasser
500 g Zucker
1 Tasse Wasser, zusätzlich
1 Vanillestange
1 l Kirschwasser

Das Kaffeepulver mit dem heißen Wasser überbrühen. Anschließend 10 Minuten ziehen lassen, dann abfiltern.

In der Zwischenzeit Zucker, zusätzliches Wasser und Vanillestange in einen Topf geben. Köcheln, bis der Zucker sich gelöst hat und die Flüssigkeit sirupartig ist.

Zuletzt Kirschwasser, Kaffee und Zuckersirup vermischen. Den fertigen Likör in Flaschen füllen und verschließen.

Ergibt etwa 1 1/2 l.

Freya Hauert

Heidelbeerlikör

200 g Heidelbeeren
200 g weißer Kandis
1 Zimtstange
2 Gewürznelken
500 ml Kornbranntwein

Die Heidelbeeren waschen und trockentupfen. Beeren, Kandis, Zimtstange und Gewürznelken in eine saubere Flasche füllen. Mit dem Branntwein übergießen und verschließen. Die Flasche 8 Wochen stehen lassen, dabei gelegentlich schütteln. Den Likör danach durch Filterpapier gießen und in eine Karaffe füllen.

Ergibt 500 ml.

A. Kottal

Holderlikör

Holunderbeeren, Wasser und Vanilleschote in einen Topf geben und erhitzen. 20 Minuten kochen lassen, dann durch ein Sieb in einen zweiten Topf gießen. Den Zucker einrühren und alles nochmals 20 Minuten kochen lassen.

Den Holundersaft erkalten lassen. Anschließend den Branntwein untermischen. Den fertigen Likör in Flaschen füllen und verschließen.

Veronika Brender

2 kg Holunderbeeren, abgezupft
2 l Wasser
1 Vanilleschote, aufgeschlitzt
1 kg Zucker
1 l Kornbranntwein

Holunderblüten-Sprudel

15 frische Holunderblüten
12 l Wasser
250 ml Weinessig
1 1/2 kg Zucker
2 unbehandelte Zitronen, in Scheiben

Alle Zutaten in ein großes Gefäß (kein Metall) geben und mit einem Tuch abdecken. 3 Tage an einem dunklen Ort ziehen lassen. Dabei einmal pro Tag umrühren.

Anschließend portionsweise durch ein Sieb gießen und in Flaschen mit Schraubverschluss füllen.
Ergibt 12 Liter.

Tipp: Holunderblüten-Sprudel ist ein köstliches und aromatisches Getränk, das besonders Kinder gerne mögen. Lassen Sie beim Abfüllen 10 cm Abstand zum Schraubverschluss, da sich Gase bilden. Man kann den Sprudel lange lagern. Vorsicht beim Öffnen der Flaschen: Der Sprudel schäumt sehr.

Karin Gutmann-Heinrich

Holunderblüten-Sirup

2 1/2 l Wasser
2 kg Zucker
20 g Zitronensäure
12 frische Holunderblüten
10 dünne Limetten- oder Zitronenscheiben

In einem großen Topf Wasser und Zucker kochen, bis der Zucker sich gelöst hat. Dann die Zitronensäure zugeben.

Holunderblüten und Limetten in ein Glasgefäß legen und mit dem Zuckersirup übergießen. Abkühlen lassen, verschließen und an einem warmen Ort 5 Tage ziehen lassen. Den fertigen Sirup durch ein Sieb gießen. In Flaschen füllen, verschließen und kalt aufbewahren.
Ergibt 3 1/2 l Sirup.

Damaris Leser

Löwenzahnblüten-Sirup

2 gehäufte Doppelhände frische Löwenzahnblüten
1 l kaltes Wasser
1 kg Zucker
1/2 unbehandelte Zitrone, in Scheiben

Löwenzahnblüten und Wasser in einen Topf geben und langsam zum Kochen bringen. Einmal aufwallen lassen, dann sofort von der Kochstelle nehmen. Über Nacht ziehen lassen.

Die Flüssigkeit danach durch ein Sieb in einen zweiten Topf gießen. Die Blüten gut abtropfen lassen und mit den Händen ausdrücken. Zucker und Zitronenscheiben in die Flüssigkeit geben und bei geringster Temperatur offen zu einem dickflüssigen Sirup einkochen lassen. Den fertigen Sirup heiß in Schraubgläser füllen und verschließen.

Tipp: Wichtig ist die niedrige Kochstellen-Temperatur bei der Herstellung dieses Sirups. Nur so verdunstet das Wasser, und die Vitamine bleiben erhalten. Der Sirup schmeckt mit Sekt aufgegossen ebenso wie auf einem Butterbrot.

Ursula Ruh

Waldmeisterbowle

1 Bund Waldmeister
3 l Weißwein
2 Flaschen Sekt

Den Waldmeister waschen und trockentupfen.

1 Flasche Wein in einem Gefäß auf etwa 30 Grad erwärmen, von der Kochstelle nehmen. Den Waldmeister zugeben und 1 Stunde darin ziehen lassen. Kurz vor dem Servieren den restlichen Wein sowie den eisgekühlten Sekt zugießen.

Maria Wein

Alphabetisches Register

Register